색과 성격의 심리학

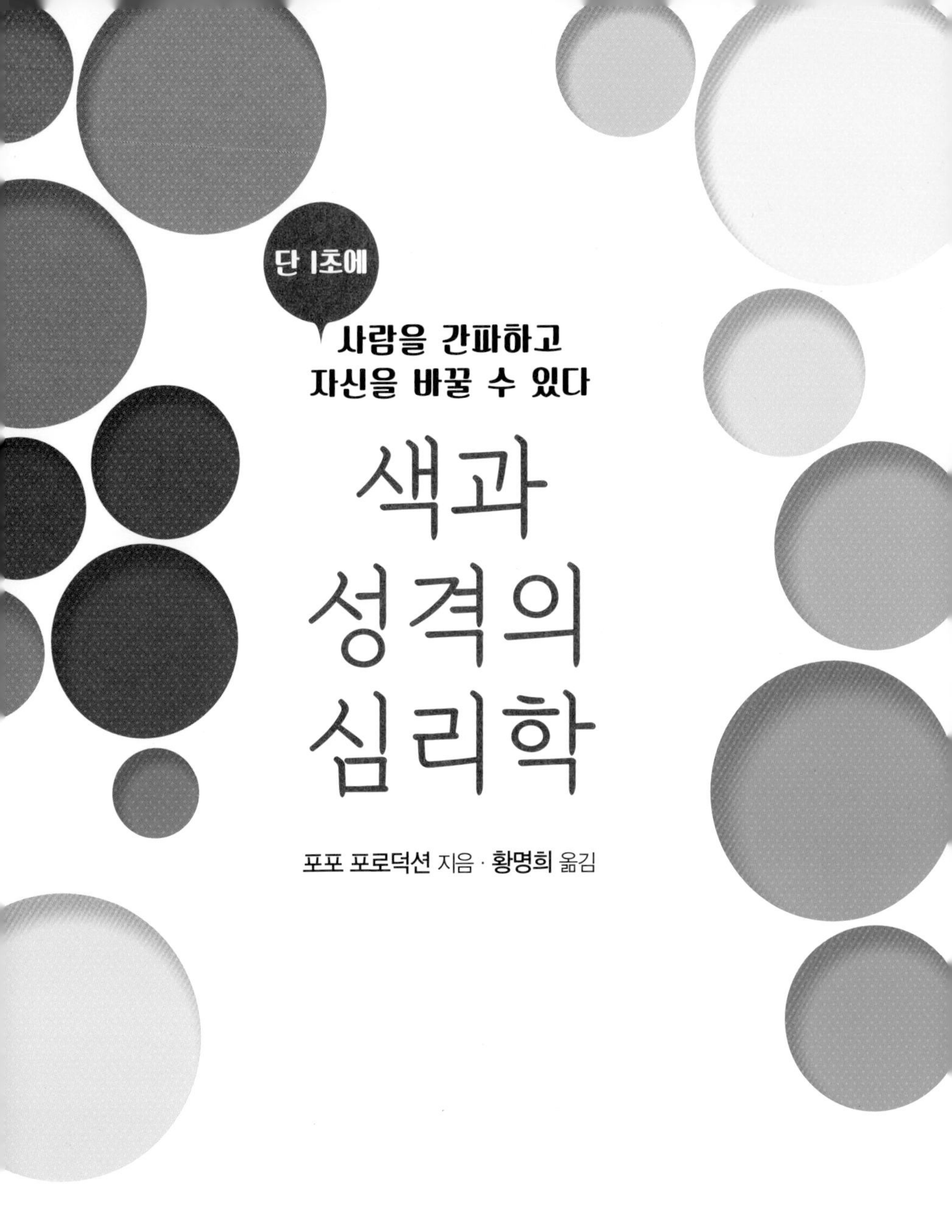

단 1초에

사람을 간파하고
자신을 바꿀 수 있다

색과 성격의 심리학

포포 포로덕션 지음 · 황명희 옮김

BM (주)도서출판 성안당

에필로그

포포 포로덕션이 독자 여러분께

안녕하세요, 포포 포로덕션입니다.

포포 포로덕션은 심리학과 색채 심리를 이용하여 기업의 컨설팅 및 다양한 콘텐츠를 만드는 일을 하고 있는 기획사입니다. 뇌과학, 행동 경제학, 게임 이론 등 여러 학문을 횡단적으로 사용하여 논리적인 배경에 기초한 재미있는 콘텐츠를 만드는 것을 자랑으로 여기고 있습니다.

색이 마음에 미치는 영향을 연구하는 색채 심리 분야에서 다양한 책을 간행하고, 기업의 상품 개발 등을 담당하고 있습니다. 색은 우리 가까이에 있지만, 실은 무척 신기하고 강한 힘이 숨겨져 있다는 사실을 많은 사람들이 모르고 있습니다. 자신도 모르는 사이에 색에 의해 무의식적으로 행동하기도 합니다. 색을 통해 사람의 마음속을 들여다보고 사람을 움직이고 자신의 성격을 바꿀 수도 있습니다.

전 세계에는 색과 성격에 대하여 연구하고 있는 연구자가 많이 있습니다. 이 책은 선행 연구 데이터에 포포 포로덕션이 자체적으로 수행한 오랜 연구 데이터를 가미해서 색과 성격에 대해 다루었습니다. 제조 및 디자인 현장의 최전선에서 얻은 데이터도 추가했습니다. 또한 인간관계에 도움이 되거나 자신을 변화시키는 방법을 알기 쉽게 정리했습니다.

색상별 설명에 그치지 않고, 이론에 기초한 색 조합 활용법도 언급했습니다. 색과 색의 조합에는 사람이 편안함을 느끼는 조화 이론이 있습니다. 이것을 몸에 익히면 '센스'라는 애매하고 적당한 말에 휘둘리지 않아도 됩니다.

이 책은 언뜻 내용이 가벼워 보이지만 이론과 근거를 기반으로 만든 알찬 내용입니다.

색은 복잡한 효과를 가지고 있고, 그래서 컨트롤하기 어려운 것도 사실입니다. 많이 사용하냐 적게 사용하냐에 따라서도 실로 복잡한 효과를 만들어냅니다. 색은 매우 복잡하지만, 그렇기에 재미있다고도 할 수 있습니다. 이 책을 통해 색이 가진 신비하고 재미있는 효과와 힘을 이해할 수 있기를 바랍니다. 많은 사람들이 색에 관심을 갖고 색을 자유롭게 활용해 줄 것을 간곡히 바랍니다. 또한 이 책에서는 색의 세계로 안내하는 역할을 맡은 캐릭터가 등장합니다. 캐릭터들은 색의 사용법을 설명해 줄 뿐만 아니라 색의 비밀도 알려 줍니다. 색과 성격의 재미있고 신기한 세계로 출발해 볼까요.

프롤로그

"신이 색(色)을 만들었다는 거 알고 있니?"

오랜만에 찾은 고향에서 할머니가 이상한 말씀을 하셨다. 나는 할머니가 어디가 아프신가 싶어 걱정됐다. 할머니는 고령이지만 일찍이 의류 디자이너로 활약해서인지 언제 봐도 멋지고 빈틈없어 할머니라고 느껴본 적이 없다. 내가 어렸을 때부터 멋진 감각으로 재미있는 이야기를 많이 들려주셨다. 그런 할머니 앞에서 나는 그만 회사 사람들과 관계가 좋지 않다고 푸념했다. 말해 봐야 소용없는데, 괜히 말했다고 생각하는 순간 갑자기 할머니가 이상한 말을 해서 나는 동요되었다.

"네에? 누구요?"

"색의 신이지"

할머니는 표정 하나 바꾸지 않고 이렇게 대답했다.

"색은 색의 신이 만들고 있어. 물론 색깔만이 아니지. 색의 성질에 따라 성격을 인간에게 분배해 놓았단다".

나는 혼란스러워하며 할머니의 말을 듣고 있었다.

"너와 안 좋은 관계인 사람들은 누구니?"

갑자기 인간관계 이야기로 돌아왔다.

"네, 부장님이랑 과장님과는 신뢰 관계가 쌓여 있지 않고, 동료나 후배와도 마음을 터놓고 지내지 못해서인지 모두 경쟁자 같은 느낌이에요. 또 그 애랑도 최근 들어 사이가 안 좋아져서…."

"꽤 여러 사람이구나."

왠지 부끄러운 나머지 억지로 미소 지었다.

어쨌든 나는 여러 사람과 만나 이야기하는 것이 우울할 수밖에 없었다.

"그렇구나. 혹시 그 과장이라는 사람은 무슨 색을 좋아하는지 아니?"

"빨간색인가. 전에 빨간색이 좋다고 말했던 기억이 나요."

"빨간색을 좋아하는 남자는 좋게 말하면 열정적이고 정의감이 강하지. 나쁘게 말하면 제멋대로인데다 감정적이기도 하고".

"아, 그런 것도 같아요."

"추진력이 있는 건 좋지만 상황을 깊이 생각하지 않고 성급히 행동할 때가 있지."

확실히 할머니 말씀 그대로였다. 할머니는 마치 과장이라는 사람을 알기라도 한 것처럼 과장의 성격을 알고 있었다. 과장의 즉흥적인 행동에 항상 나는 휘둘린다. 할머니는 순간 으쓱하는 표정을 짓더니 천천히 차를 마셨다.

"내 생각에는, 어쩌면 과장이라는 사람은 늘 냉정한 너를 보면 기분이 편치 않을 것 같단 말이지."

그러고 보니 짐작 가는 것이 있었다. 확실히 과장에게 여러 차례 "더 열정을 가지고 일을 하라"는 말을 들은 적이 있다.

"음…그럴 수도 있겠네요."

"사람의 성격도 실은 색에 의해서 관리되는 경우가 있단다. 자신이 좋아하는 색이라고 생각하고 있는 색은, 다른 누군가의 힘에 의해서 그렇게 생각하고 있다고도 할 수 있지."

"그게 색의 신이라는 말이에요?"

할머니는 천천히 미소 지었다.

"그렇지."

정말이지 이상한 이야기지만 왠지 재미있게 들렸다.

"행동적이고 감정적이라서 빨간색을 좋아한다고도 할 수 있지. 빨간색을 좋아하기 때문에 행동적이고 감정적이라고도 할 수 있단다."

"와 재미있어요."

"재미있지. 재미만 있는 게 아니라 색을 잘 다루면 인간관계도 원활해질 수 있단다. 비단 과장뿐 아니라 다른 사람도 마찬가지야. 색에는 불가사의한 힘이 있지."

그렇게 말하고 할머니는 천천히 일어나 벽장에서 바스락바스락 소리를 내며 뭔가를 꺼내 와서 책상 위에 놓았다. 그것은 잡지만한 크기의 오동나무 상자였다. 나무 향기가 은근하게 감돌았다.

"안을 열어 보렴."

할머니의 말에 나는 오동나무 상자를 천천히 열었다. 스마트폰 정도 크기로 접은 종이가 여러 장 겹쳐 들어 있고 먹으로 그림과 무늬가 그려져 있다. 상단에는 토끼 같기도 하고 양 같기도 한 이상한 그림이었다. 그 밑에는 뭔가 부적 같은 것도 보였다.

"색의 요정 부적이란다."

"색의 요정 부적이요?"

"색의 요정은 색을 지배하는 색의 신의 작은 종들이란다. 이 부적은 색의 신(色神)을 부르는 거야."

"색의 신에게 색의 요정 부적이요?"

정말 믿기 어려운 이야기였다.

"그리고 색의 요정은 사람의 마음에 살고 있지. 그 과장은 붉은색의 요정이 마음속에 있는 거야. 멧돼지처럼 앞만 보고 전진하는 색의 요정이지."

"아? 그, 그래요?"

"그렇지, 너 안에도 있어. 보수적이고 좋게 말하면 겸허한 파란색의 요정이구나."

"네?"

아무래도 당장은 믿을 수 없는 이야기였다.

그냥 좀 아프신 할머니가 그럴듯하게 만들어낸 이야기일지도 모른다. 만약 정말로 그렇다면 상당히 심각한 일이다.

"옛날 패션 디자이너로 일하던 시절에 몇 번이나 색의 요정 부적에 도움을 받았단다. 색의 요정 부적은 색의 요정을 부르는 도구였어. 이 부적을 너한테 주마. 색을 통해 너를 도와줄 거야."

"네 꿈은 뭐냐?"

사실 요사이 그런 거 생각해 본 적조차 없었다.

"인간관계가 원만하면 좋겠고 일도 잘해내고 스트레스 없이 하루하루를 보내고 싶어요. 그리고 인기도 많고 돈도 많이 벌고싶어요."

"너가 그 꿈을 진정으로 원한다면 색의 요정이 도와 줄 거야."

나는 반신반의하며 상자를 받긴 했지만, 이 상자가 나의 인생을 바꿀 거라고 그때는 꿈에도 생각하지 못했다.

나는 고향에서 혼자 사는 내 집으로 돌아왔다. 내일부터 다시 일상생활로 돌아가야 한다고 생각하니 벌써부터 우울했다.

문득 할머니로부터 받은 오동나무 상자를 기억하고 배낭에서 꺼냈다.

방 안에 나무 향기가 감돈다. 크게 심호흡을 하고 뚜껑을 열어 부적을 꺼내 보았다. 그런데 어쩐 일인지 제일 위의 종이는 백지였다.

나는 '어?'라고 생각했다. 분명 할머니 방에서 휘리릭 넘겨 봤을 때 백지는 없었다.

'그렇다, 토끼가 없다.'

할머니 방에서 봤을 때는 있었던, 토끼 같기도 하고 양 같은 그림의 종이가 없었다.

"여기야."

갑자기 방 안에서 소리가 났다. 나는 '어?' 하며 방을 둘러보았다. 나의 발밑에 작은 흰 생물체가 있었다.

"토끼…?"

게다가 두 발로 서서 핑크색 나비넥타이까지 하고 있었다.

"토끼 아니야. 나는 색의 요정 집사야. 색의 요정과 인간을 연결해 주지".

"양?"

"집사!".

둥근 얼굴과 코 그리고 길게 늘어진 귀. 다시 봐도 늘어진 귀를 가진 토끼로밖에 보이지 않는다. 하지만 귀 옆에 양의 뿔 같은 것도 있다.

"아, 어, 어쩌면 부적의…."

"그래, 저기에서 나왔어."

집사라는 생물체는 오동나무 상자를 가리켰다.

"어! 어떻게 된 일이지?"

"우리가 있는 세계는 빨간색, 파란색, 노란색, 녹색 등 다양한 색채로 가득해. 자연으로 눈을 돌리면 풀, 꽃, 하늘, 물, 흙에도 색이 있어. 인간은 어느 시대를 막론하고 색에 둘러싸여 생활하고 있어.

색은 색의 신에 의해 만들어지고 인간들은 그 색의 영향을 크게 받으며 살고 있지. 색은 인간을 움직이는 힘을 갖고 있고, 인간은 색을 추구해 왔어. 인간 역사의 뒤에는 늘 색의 요정이 있었지".

"그, 그래?"

정말 믿기 어려운 이야기였다.

“그래. 예를 들어 나폴레옹은 자신이 좋아한 색에 암살됐다는 얘기 알고 있지?”

“그런 거야?”

“그럼 보라색을 왜 ‘고귀한 색’이라고 하는지는 알고 있어?”

“……”.

“어쩔 수 없네. 먼저 너에게 색의 신비한 힘에 대해 이야기를 해주지 않으면 안 될 것 같다.”

그렇게 말하고 이상한 생물체는 내 앞에 서서 색을 설명하기 시작했다. 귀찮아하는 말투와는 달리 왠지 얼굴은 기뻐 보였다.

CONTENTS

1장 색의 취향과 성격의 관계

2장 사람을 간파하고 움직이는 심리학

3장 | 색의 힘으로 자신을 변화시킨다

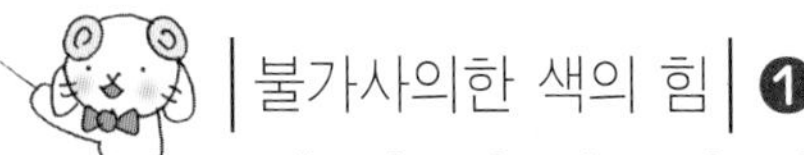

불가사의한 색의 힘 ❶

역사에 숨겨진 색의 비밀

사람의 역사는 색의 역사

색에는 불가사의한 힘이 있다. 인간의 감각과 감정, 때로는 운명에까지도 영향을 미칠 수 있다. 인간의 역사는 색의 역사라고 해도 과언이 아닐 만큼 색은 오랫동안 인간의 생활과 밀접하게 관련되어 왔다. 특히 빨간색은 그 역사가 길다. 프랑스의 라스코 동굴 벽화와 스페인의 알타미라 동굴 벽화 등에는 붉은색 안료가 사용되었다. 또한 신체 장식에서도 빨간색의 역사는 오래전으로 거슬러 올라가는데, 이미 기원전 사람들은 신체를 장식하는 데 빨간색을 사용했다. 악마가 입으로 들어오지 못하도록 입 주위에 붉은색을 바르는 습관이 립스틱의 시초로 알려져 있다. 빨강의 강한 색채가 액막이 기능을 했던 것이다.

영웅 살해의 흑막에도 색?!

로마제국시대에 보라색은 매우 비싼 염료였다. 단 1그램의 색소를 얻기 위해 수천 개에서 만 개나 되는 조개가 필요했다. 매우 고가인 보라색은 왕후와 귀족들의 전유물이기도 했다. 일본에서도 보라색은 지위 높은 사람에게만 허용된 색이었다. 아스카시대에 천을 보라색으로 염색하는 일은 보라색 풀뿌리를 사용하여 많은 시간과 노력이 소요됐다. 그래서 보라색을 고귀하다고 여겼다. 색은 생명을 위협할 수도 있다. 나폴레옹은 실내 장식을 녹색으로 통일할 정도로 녹색을 좋아했다. 나폴레옹의 사인을 놓고 위암설 등 여러 가지로 의견이 분분했지만 그의 시신에서 대량의 비소가 검출되었다. 비소는 녹색 염료 성분으로 사용되었기 때문에 나폴레옹은 자신이 좋아하는 색에 의해 살해되었다고도 볼 수 있다.

불가사의한
색의 힘
1

기원전부터 사용된 색은?

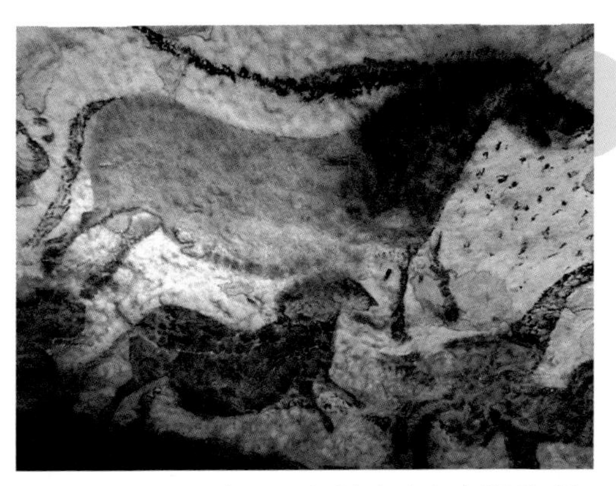

라스코와 알타미라의 벽화에는 빨간색을 비롯해 노란색, 검정색 등 광물 안료로 동물들이 그려져 있다.

나폴레옹의 사인

나폴레옹의 사후 그의 몸 안에서 비소가 검출되었다. 패리스 그린의 염색 성분에서 비소 화합물이 발견된 점에서 그가 비소 중독으로 사망했다는 설이 나돌기도 했다.
안료 패리스 그린은 독성이 있어 살충제나 농약에 사용된다.

벽화를 그리는 물감이나 액막이 등의 신체 장식을 위해 기원전부터 색과 사람의 역사는 이어져 왔지. 영웅의 운명에도 색이 관련되는 등 인간의 역사와 문화에 색은 깊이 관여되어 있는 것 같아.

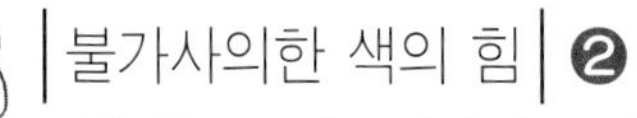

색은 사람의 감각을 변질시킨다

흰색 컵에 마시는 커피는 쓰다?

색은 사람의 감각을 변질시키고 현혹시키는 효과가 있다. 미각도 색에 따라 변화한다. 커피를 마실 때 느끼는 맛의 농도는 그릇이나 용기의 색에 따라 변화하는 것을 알 수 있다. 한 대학의 실험에 따르면 파란색 머그잔으로 마시면 흰색이나 투명한 컵보다 단맛을 느끼는 한편, 흰색 머그잔으로 마시면 쓴맛이 더 강하게 느껴진다고 한다. 그 이유는 흰색 머그잔으로 마시면 커피의 쓴맛이 연상되는 갈색이 시각적으로 강조되기 때문이다. 또한 흰색 접시에 담긴 딸기 케이크가 검은색 접시에 담긴 그것보다 맛이 진하게 느껴지고, 분홍색을 보면 단맛이 강조된다는 연구 결과도 있다.

색은 무게와 시간 감각도 지배한다

색은 무게의 감각에도 영향을 준다. 예를 들어 하얀색 상자보다 빨간색 상자는 약 1.7배, 검은색 상자는 2배 가까이 무겁게 느껴진다. 수트케이스도 오염이 눈에 띄지 않고 세련되어 보여서 어두운 색을 선호하는 경향이 있지만, 짐이 많은 사람은 체감적으로 가볍게 느낄 수 있는 하얀색, 하늘색, 실버, 분홍색을 추천한다. 또한 색은 시간 감각을 잃게 할 수도 있다. 붉은색과 같이 따뜻한 계열의 색상으로 꾸민 방에 있으면 시간의 흐름이 더디게 느껴지는 반면 하늘색과 같은 차가운 색상 계열의 방에 있으면 시간의 흐름이 빠르게 느껴진다. 이런 심리를 이용해서 고객의 회전율을 높이기 위해 따뜻한 색상 계열로 인테리어를 하는 점포도 있다.

불가사의한
색의 힘
②

색에 따라 느끼는 방식이 바뀐다?

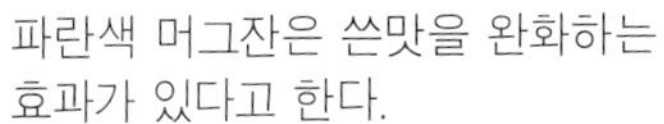
파란색 머그잔은 쓴맛을 완화하는
효과가 있다고 한다.

붉은색 조명, 붉은색 벽으로 꾸민 점포 안에서는 시간의 흐름이 더디게 느껴져서 약속 장소로는 적당하지 않아. 약속 시간에 늦으면 상대방은 오랫동안 기다린 느낌이 들거든.

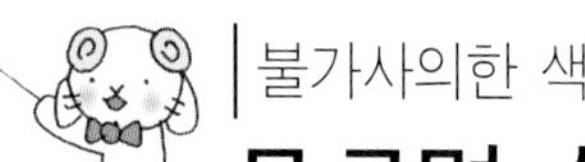

모르면 손해보는 색과 돈의 관계

녹색이 돈을 끌어모은다?

색의 힘은 자기도 모르는 사이에 지갑을 열게 한다.

슈퍼마켓이나 할인점에서 사용되는 가격표에는 빨간색 글자나 빨간색 배경이 많이 사용되고 있다. 빨간색은 시인성이 높아 눈에 잘 띄기 때문만은 아니다. 소비자로 하여금 상점이 마치 손해보고 있다는 '적자(赤子)'를 연상시켜서 '사면 이득이다'라는 느낌을 직관적으로 심어준다. 게다가 빨간색은 행동을 촉진시키는 효과도 있다.

한편 녹색을 사용하면 부자가 될 수 있다, 녹색은 자금 조달의 색이라고도 하고, 자금이 필요할 때 주목하는 색이다. 욕망 충족의 기능도 있어 녹색을 보는 것만으로도 돈이 쉽게 모인다고 한다.

5가지 색으로 충동구매 유도

제품에 사용된 색상 수를 이용한 트릭도 모르면 손해보는 효과가 있다. 가방이나 잡화의 경우 한 제품에 한 가지 색상이 아니라 여러 가지 색상으로 판매되는 것에 대해 생각해 본 적이 있을까.

어느 방송국의 판매 데이터에 따르면 5색 변형으로 제품을 만들었을 때 가장 판매 실적이 좋다고 한다. 5가지 색상을 비교하다 보면 "나는 이 색상이 좋을까"라는 생각이 점차 "난 이 색이 좋아"라는 생각으로 변화하는 심리가 작용한다.

예를 들어 3가지 색이라면 소비자가 원하는 색상이 없을 수도 있고, 반대로 7가지 색 이상이 되면 너무 많아 오히려 선택을 망설이게 된다. 같은 제품이라도 5가지 색상으로 만드는 것이 효과적인 이유다.

돈을 버는 색은 따로 있다?

빨간색은 눈에 띄는 효과뿐 아니라 적자(매장 입장에서)=저렴하다(소비자 입장에서)고 느끼게 하는 효과도 있다.

3가지 색이라면 비교하지 못해 원하는 색을 선택할 수 없을 수도 있지.

5가지 색이라면 비교해 보고 자신이 원하는 색을 찾아낸다.

"이 색이 좋을까" 하는 망설임이 점점 "이 색이 좋겠다"라는 확신으로 바뀌지. 소비자 입장에서 사고 싶은 마음이 들게 하는 색의 효과에 주의하도록!

살이 빠진다? 잠이 온다?
신체에 영향을 주는 색

숙면에는 빨간색 빛과 파란색 잠옷

비단 색은 감각뿐 아니라 실제로 우리의 몸에도 작용하여 영향을 줄 수 있다. 색을 잘 사용하면 양질의 수면을 취할 수 있다. 백열등이나 촛불과 같은 적색 빛은 마음을 진정시켜 잠이 잘 오게 하는 효과가 있다. 잠들기 전에 흰색 빛에 노출되면 뇌가 각성되어 수면을 방해할 수 있으니 침실의 조명을 고를 때는 주의해야 한다.

그래도 쉽게 잠들지 못하는 사람에게는 파란색 계열의 침구나 잠옷을 추천한다. 파란색 계열의 색상은 긴장감을 풀어줘서 진정 효과를 기대할 수 있다. 옅은 갈색은 릴렉스 효과가 있다.

색의 힘으로 살이 빠진다?

건강의 관점에서 볼 때 속옷의 색상은 흰색이 좋다. 흰색 속옷은 몸에 필요한 빛의 파장을 투과한다. 여성은 분홍색 옷을 입으면 호르몬의 분비를 촉진하고 내분비계가 활성화되어 젊어지는 효과를 기대할 수 있다. 파란색 옷을 입으면 날씬해 보일 뿐만 아니라 색의 심리적 효과로 인해 정말로 살이 빠진 예도 있다. 또한 우리는 피부로 색을 보고 있다. 휴식을 원하는 공간의 벽 색상은 일반적으로 오프 화이트 또는 아이보리, 베이지로 하는 것이 바람직하다. 이들 색상은 근육 긴장도를 나타내는 라이트 토너스 값*이 낮아서 사람의 근육을 이완시키고 릴랙스 상태로 만들어 준다.

---

*라이트 토너스 값(light-tonus value) : 근육의 긴장이나 이완 현상을 뇌파나 땀의 분비량을 측정하여 객관적으로 수치화하는 것(역자 주)

색이 잠의 세계로 유혹한다?

빨간색 빛은 잠을 유도하는 효과가 있고 푸른색 침구, 푸른색 인테리어도 수면에 도움이 된다.

화실(일본식 침실)의 색채는 라이트 토너스 값이 낮다. 다시 말해 기분뿐만 아니라 육체적으로도 릴랙스 상태가 될 수 있다 .

조명 빛과 침구 색상을 잘만 선택하면 푹 잘 수 있을 거야. 침실의 빛은 백열등, 침구랑 잠옷은 파란색을 추천!

| 불가사의한 색의 힘 | ⑤

성격을 바꾸고 인생까지 바꾼다

여성스러운 성격으로 바꾸는 연보라색

라일락, 라벤더 등의 연보라색 옷을 입으면 여성은 평소보다 여성스럽게 행동하려는 경향이 있다. 보라색 계열의 색은 여성 호르몬의 분비를 촉진시켜 여성스러운 성격으로 변화시키는 색이다.

나아가 근본적인 마음의 변화도 유발할 수 있다. 런던의 템스강에 놓인 블랙프라이어스 다리는 자살 명소로 유명했다. 그런데 검게 칠해져 있던 도장을 밝은 녹색으로 바꾸자 자살자가 3분의 1로 줄었다. 실제로 다리 위에서는 녹색을 인지할 수 없지만 밝게 바뀐 외관이 자살자의 마음에 영향을 준 것만은 확실하다. 현재 이 다리는 선명한 빨간색과 흰색으로 한층 밝게 꾸몄다.

핑크 효과로 싸움이 줄었다?

미국 캘리포니아에 있는 산타클라라 교도소에서는 수감자들의 싸움이나 폭동 등 문제가 끊이지 않았다. 교도소 측에서 대책을 고민한 결과 흉악범을 수용한 방의 콘크리트 벽 색을 부드러운 분홍색으로 바꿨더니 수감자끼리의 싸움이나 폭동 발생률이 낮아졌다.

핑크는 사람의 마음을 부드럽고 온화하게 하는 심리적 효과가 있다. 자신 안에 깃든 애정을 일깨워 다른 사람을 소중히 대하고 도와주고 싶게 만드는 색이기도 한다.

핑크는 비호욕(누군가를 지켜주려고 하는 욕구)을 자극하는 색이니, 좋아하는 사람이나 귀여움을 받고 싶은 사람 앞에서는 전략적으로 분홍색 옷을 입어 보자.

불가사의한
색의 힘
5

색으로 성격까지 바꾼다?

연보라색 옷은 여성을 좀 더 여성스럽게 보이게 하는 효과가 있다.

분홍색은 사람의 성격을 온화하게 바꾼다.

미국에서는 교도소 벽을 분홍색으로 칠하거나 죄수복에 분홍색을 사용해서 심리 상태를 온화하게 하려는 시도를 하고 있지.

색에 관한 이런저런 이야기

색상, 명도, 채도.
색을 표현하는 3가지 구성 요소가 있다.

○ 색상

우리가 빨강, 노랑, 파랑, 초록이라고 부르는 색조를 색상이라고 한다. 빨간색에 노란색을 더하면 주황색이 되고 노란색에 녹색을 더하면 연두색이 된다.

○ 명도

명도는 색의 밝기를 나타낸다. 명도가 높을수록 흰색에 가깝나. 빨간색의 명도를 높이면 분홍색이 되는 식이다.

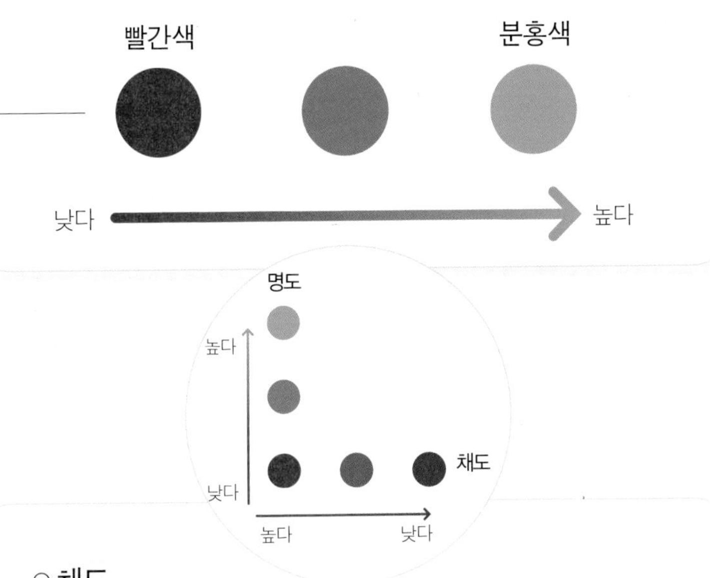

○ 채도

채도는 색의 선명함과 강도를 나타낸다. 채도가 높을수록 순색에 가깝고 낮으면 검은색에 가까워진다. 빨간색의 채도를 낮추면 갈색이 된다.

등장인물 소개

○ 주인공

인간관계에서 어려움을 겪고 있다. 인간관계를 개선하고 직장이나 개인의 스트레스를 없애고 싶다. 색의 집사를 만나고 색과 성격에 대한 생각에 많은 변화가 일어난다.

○ 색의 집사

외형은 토끼(귀가 늘어진 토끼, lop-eared)와 양의 특징을 함께 가진 이상한 존재. 색의 집사라고 불리며 색의 요정들을 정리하는 역할자이기도 하다. 주인공에게 색과 성격에 관한 비밀을 가르쳐 준다.

○ 색의 신

색을 만들어 내는 색의 신. 예로부터 사람들과 관계를 맺으며 사람들에게 색을 전해왔다. 색깔마다 다른 개성적인 신이 있다고 한다.

○ 색의 요정들

색의 신의 종들. 색의 신과 사람을 맺어주거나 사람을 컨트롤하기 위해 사용된다. 사람의 마음속에 자리하여 성격에 영향을 주고 있다. 사람에게 어떤 색의 요정이 깃들어 있는지를 알면 상대의 성격을 간파하는 것도, 좀 더 나은 인간관계를 구축하는 데도 도움이 된다.

1장

색의 취향과 성격의 관계

같은 색을 좋아하는 사람은 같은 행동 패턴, 같은 사고 패턴을 갖고 있는 것을 알 수 있다. 좋아하는 색을 통해 그 사람이 어떤 성격인지 그리고 인간관계와 연애 습관, 어떤 직업을 가지면 좋은지에 대하여 설명한다.

색은 성격을 비추는 거울

색과 성격의 밀접한 관계

사람에게는 좋아하는 색이 있어서 은연중에 같은 계열의 옷을 사고 같은 계열의 소품을 구입하는 습성이 있다. 별 생각 없이 고르고 있는 것 같지만, 사실 행동에는 의미가 있다. 사람은 마음 상태, 사고 회로에 대해 특정 색상을 찾게 된다. 색의 취향과 성격에는 밀접한 관계가 있는 것이다. 좋아하는 색을 알기만 해도 상대가 어떤 성격인지 대충 알 수 있다.

또한 시간에 따라 색의 취향이 바뀌기도 한다. 취향이 바뀐 것은 성격이 변한 것일 수도 있다. 작게는 그날의 기분에 따라 색을 추구하는 감정이 변화한다. 색의 취향은 감정을 포함한 그 사람의 성격을 비추는 거울이라고 할 수 있다.

이 책은 전 세계 연구자들이 수집한 색과 성격을 연구한 데이터에 포포포로덕션이 수집한 데이터를 추가하여 정리했다. 또한 색의 신에게 도움받아 색과 성격의 관계를 정리했다.

색과 형태에 영향을 받는 사람

색과 성격을 이야기하기 전에 사람에 따라 색에 크게 영향을 받는 사람과 형태에 크게 영향을 받는 사람이 있다는 점을 언급하고 싶다.

당연히 색에 영향을 받기 쉬운 사람이 색의 취향과 성격에 밀접한 관계가 있다. 자신은 색에 영향을 받는 유형인지 아니면 형태에 영향을 받는 유형인지를 아는 것은 중요한다. 당신은 어느 쪽인지 손쉽게 알아보는 방법이 있다. 오른쪽 페이지의 테스트를 한번 풀어보자.

좋아하는 색과 성격의 밀접한 관계

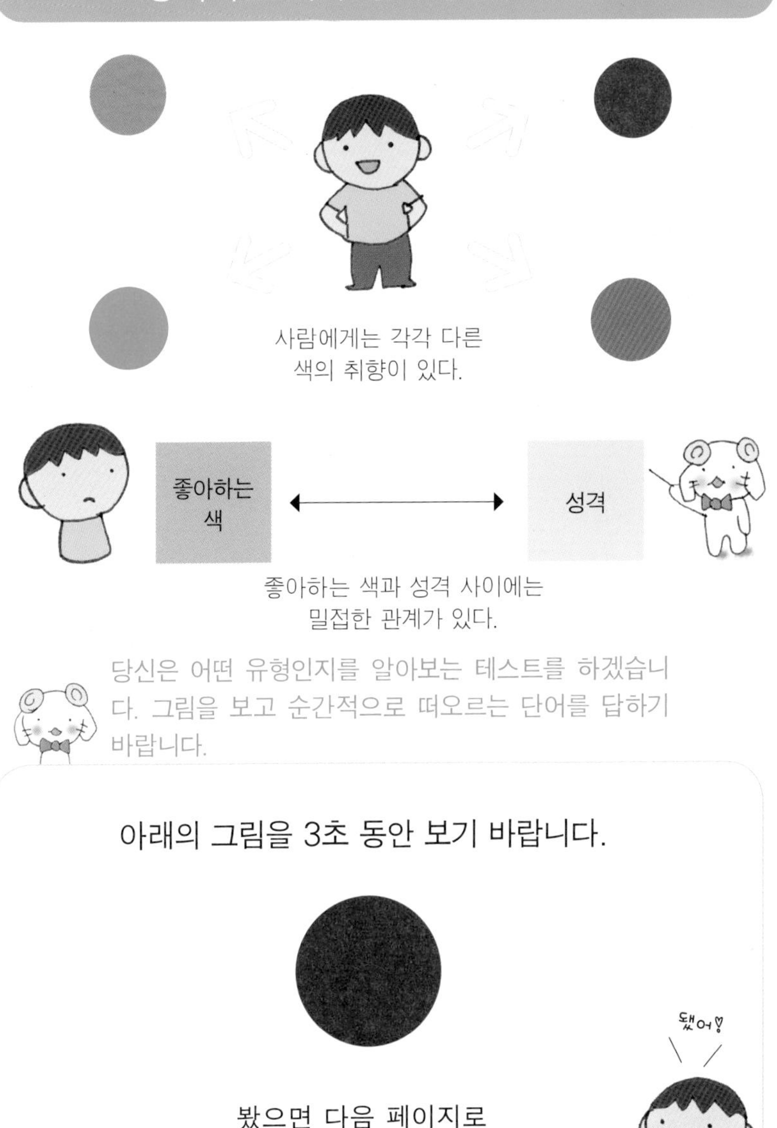

사람에게는 각각 다른
색의 취향이 있다.

좋아하는 색과 성격 사이에는
밀접한 관계가 있다.

당신은 어떤 유형인지를 알아보는 테스트를 하겠습니다. 그림을 보고 순간적으로 떠오르는 단어를 답하기 바랍니다.

아래의 그림을 3초 동안 보기 바랍니다.

봤으면 다음 페이지로

색형(色型) 인간과 형형(形型) 인간 테스트

색의 영향을 크게 받는 사람, 그렇지 않은 사람

오른쪽 페이지를 보기 바란다. 앞 페이지에 있던 그림은 A, B 중 어느 쪽이라고 생각하는가? 깊게 생각하지 말고 직감적으로 답하기 바란다. 앞 페이지로 돌아가 확인해서는 안 된다.

처음에 본 그림은 빨간색 원이었다. 결과는 오른쪽 페이지의 A도 B도 아니다. 이것은 어떤 그림을 보여주었을 때 색에 반응해서 인상이 남아 있는지, 아니면 형태에 반응해서 인상이 남아 있는지를 알아보는 테스트이다.

〔테스트 결과〕

A라고 대답한 사람 → 둥근 모양에 동일성을 느낀, 즉 형태에 크게 영향을 받는 형형(形型) 인간

B라고 대답한 사람 → 붉은 색채에 동일성을 느낀, 즉 색에 강하게 영향을 받는 색형(色型) 인간

이것은 간이 테스트이므로 이 대답만으로 완전하게 알 수는 없다. 색상을 바꾸면 답이 바뀔 수도 있고 검은 라인의 윤곽을 넣어도 답이 바뀔 수 있다. 편의상 A를 선택한 사람을 형형 인간, B를 선택한 사람을 색형 인간이라고 부르기로 한다. 포포 포로덕션에서 실시한 조사에서는 형형 인간은 남성이 많고 색형 인간은 여성이 많다는 결과가 나왔다.

또한 평소 자주 꾸는 꿈에서도 추측할 수 있다. 컬러 꿈을 꾸는 사람은 색형 인간일 가능성이 높다고 할 수 있다. 평소 색을 의식하지 않는 사람은 자신이 단색으로 꿈을 꾸고 있다고 느끼기 때문이다.

당신은 어느 쪽?

앞 페이지에서 본 그림은 어느 쪽입니까?

A　　　　　　　　　　B

- 직감적으로 대답해 주세요
- 앞 페이지로 돌아가면 안 됩니다.
- 고민된다면 처음 받은 느낌대로 대답하세요.

A
(형형 인간)

B
(색형 인간)

나는 색형

앞 페이지에서 본 그림은 빨간색 원이므로 같은 것은 없습니다.

- A를 선택한 사람은 형태에 영향을 받는 형형 인간
- B를 선택한 사람은 색에 영향을 받는 색형 인간

일 가능성이 높다고 할 수 있습니다.

색형 인간과 형형 인간의 성격

나이에 따른 성향 변화

색형, 형형 두 가지 유형에 대한 다양한 연구가 진행되고 있다. 어릴 때는 색형 인간이 많고 아홉 살 정도가 되면 형형 인간이 증가하는 것으로 알려져 있다. 색형에서 형형으로 전환하는 시기가 빠른 아이일수록 지적 발달 수준이 빠르다고도 한다. 색형의 아이는 창의적이고 혁신적인 어른으로 성장할 가능성이 높다고도 한다. 또한 형형으로 바뀐 사람도 자신이 선임의 자리에 오르고 나면 색형으로 다시 돌아오는 경우도 있다.

색형 인간의 성격

색형 인간에게서 많이 보이는 특징은 패션 등 유행에 민감하고 시대의 흐름에 잘 따라가며 자기 표현이 뛰어나다.

발상이 독특하고 감각적이라고 할 수 있다. 기분파인 경향이 있어서 일을 오래 지속하지 못하는 경우도 있다. 그런 사람의 대부분은 색형 인간이라고 추측할 수 있고, 더 강한 자극을 찾아 행동한다.

형형 인간의 성격

모양에 반응하는 형형 인간의 특징으로는 사회성이 뛰어나고 조직 속에서 자신을 살릴 수 있는 점을 꼽을 수 있다. 견실하게 행동하는 사고 우선의 이론파이다. 감정은 안정적이고 장소의 분위기에 휩쓸리지 않는 유형이다. 세상의 자극에 조금 피곤해하는 사람도 있다. 그러한 사람은 형형 인간의 본성을 강하게 지니고 있다고 할 수 있다.

두 타입의 성격 차이

색형, 형형은 완전히 구분된다기보다 조금 더 색형에 가깝거나 또는 형형에 가까운 유형의 사람이 많아.

성격이란 무엇일까?

성격은 색의 취향과 이어진다

도대체 성격이란 무엇일까? 성격에 대해 연구하고 있는 심리학자는 많이 있지만, 연구자의 수만큼 정의가 있다고 할 정도로 조금 까다로운 것도 사실이다. 여러분의 오해를 두려워하지 않고, 성격이라는 것을 간단히 정의하면 사람의 특징을 나타내는 것이라고 말하고 싶다. 다시 말해 그 사람의 사고 경향이나 행동 경향이라고 할 수 있다.

결국 어떤 생각을 가지고 있는지, 어떤 행동을 자주 하는지와 같은 그 사람의 내면을 말한다. 그 사람 특유의 사고 패턴, 행동 패턴이라고 할 수 있다. 사실 성격이라는 것은 색의 취향과 밀접하게 관련되어 있다. 이 책에서는 좋아하는 색을 통해 자신은 물론 타인의 성격을 제대로 파악하려고 시도했다.

일관성과 독자성

성격에는 일관성과 독자성이라는 것이 있다. 일관성은 항상 같은 생각, 같은 행동 패턴을 보이는 것을 말한다. 예를 들어 신경질적인 성격의 사람은 무슨 일에도 신경질적으로 반응한다. 너그러운 성격의 사람은 어떤 일에도 너그럽다. 특정한 어떤 것에만 신경질 또는 너그럽다고 해서 그 사람의 성격이 신경질 또는 너그럽다고 단정할 수는 없다.

독자성은 같은 상황에 놓이더라도 반응은 사람마다 제각각인 것을 말한다. 예를 들어 출근길에 지하철이 지연되더라도 타고 있는 승객의 반응은 다르다. 초조해하는 사람도 있고 침착하게 기다리는 사람도 있을 것이다. 이것은 성격의 독자성에서 기인하는 바가 크다.

'성격'이라는 것의 정체

성격에는 일관성과 독자성이 있다

일관성

회사 책상을 깨끗하게 정리하는 사람은

집 책상도 깨끗하게 정리한다.

회사 책상만 깨끗하다고 해서 깨끗함을 좋아하는 성격의 소유자라고 하지 않는다.

독자성

컵에 절반 정도 담긴 주스를 보고…

같은 상황에서도 받아들이는 방법은 사람마다 제각각. 반응은 사람마다 다르다.

예를 들어 너의 성격은…

- 손익을 생각하고 감정적으로 움직이지 않는다.
- 항상 냉정하다.
- 대인관계가 서툴고 특히 정열적인 사람을 난처해한다.

색의 취향과 성격 진단

먼저 좋아하는 색을 선택하자

44페이지부터는 구체적으로 색이 가지는 특징과 그 색을 좋아하는 사람의 성격을 분석해 보겠다. 오른쪽 페이지의 18가지 색에서 좋아하는 색상을 선택하자. 자신이 정확히 원하는 색이 없다면 좋아하는 색상에 가까운 색을 선택한다.

각 색상에 표시한 해당 페이지에서는 그 색을 좋아하는 사람의 성향을 설명하고 있다.

좋아하는 색깔이 여러 개인 경우, 바뀐 경우

좋아하는 색이 여러 개인 사람은 성격의 방향성이 여러 가지 혼합된 유형의 사람이다. 사람의 성격은 정말 복잡해서 여러 방향성이 혼재한다고 해도 신기한 것은 아니다. 행동적인 성격이라고 해도 일면에는 냉정하거나 혼자가 되면 불안해하는 등의 다양한 성격이 복합되어 있기도 한다. 좋아하는 색이 여러 개인 사람은 좀 더 좋아하는 색이 자신의 주된 성격이고, 다음으로 좋아하는 색이 자신의 다른 일면임을 알 수 있다. 이렇게 생각하면 자신의 성격을 제대로 이해하는 데 도움이 될 것이다.

또한 색의 취향은 일반적으로 세월이 지나면서 변화하기도 한다. 몇 년 전까지는 파란색을 좋아했지만, 최근에는 노란색이 마음에 드는 식으로 바뀌는 것이다. 이것은 성격이 달라진 것을 나타낸다.

과거 자신의 모습이 어땠는지 알기 위해서라도 과거에 좋아했던 색을 확인해 보는 것도 좋을 것이다. 자신도 알아차리지 못한 변화를 알게 될지도 모른다. 색의 취향 변화와 성격의 변화에 대해서는 186페이지에 자세히 소개했으니 확인하기 바란다.

당신이 가장 좋아하는 색은?

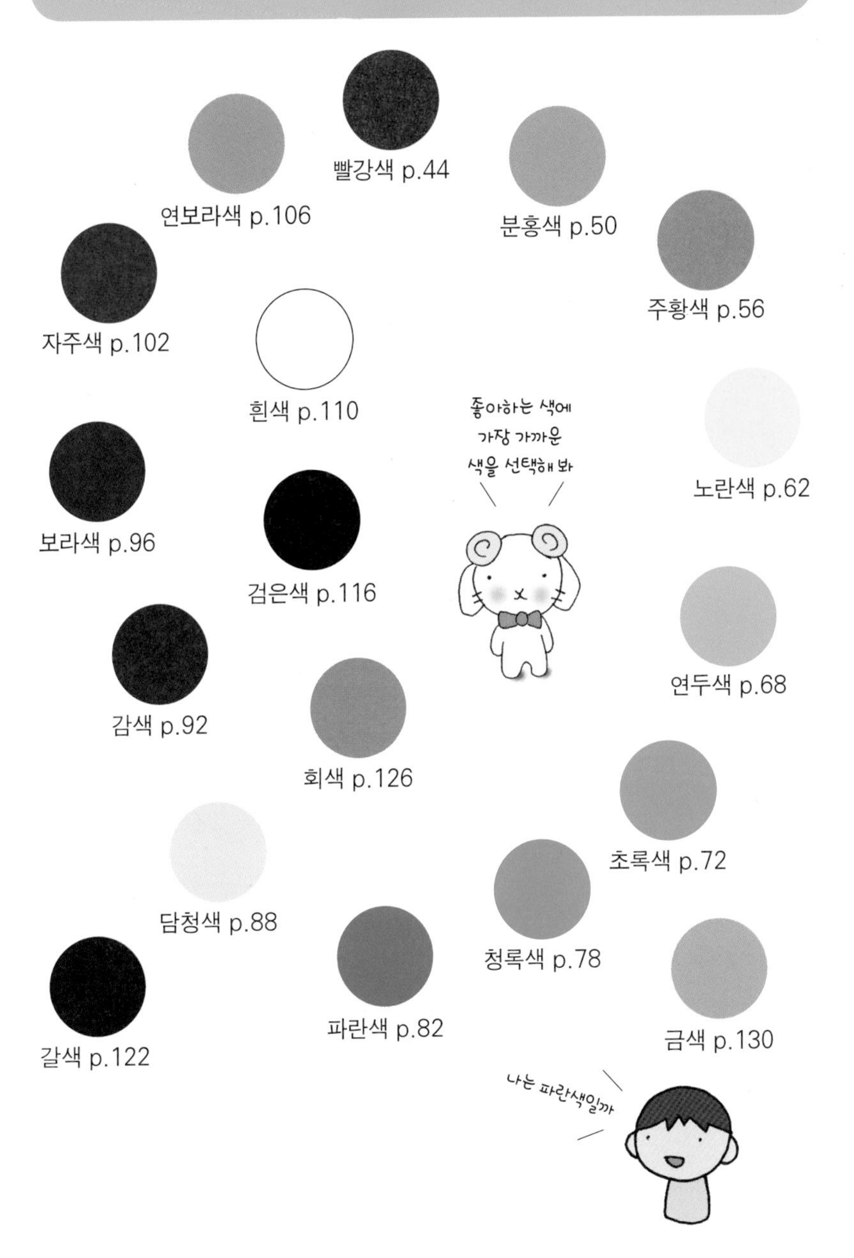

진단 보는 법

44페이지부터 나오는 내용에서는
7가지 항목에 대하여 설명하였다.

○어떤 색?

색의 유래와 역사 속에서 어떻게 사용되어 왔는지 등 색의 배경을 설명하였다. 배경을 알면 그 색에 더 애착이 생긴다. 자신이 좋아하는 색에 자부심을 가졌으면 하는 생각에서 색의 이야기를 정리했다.

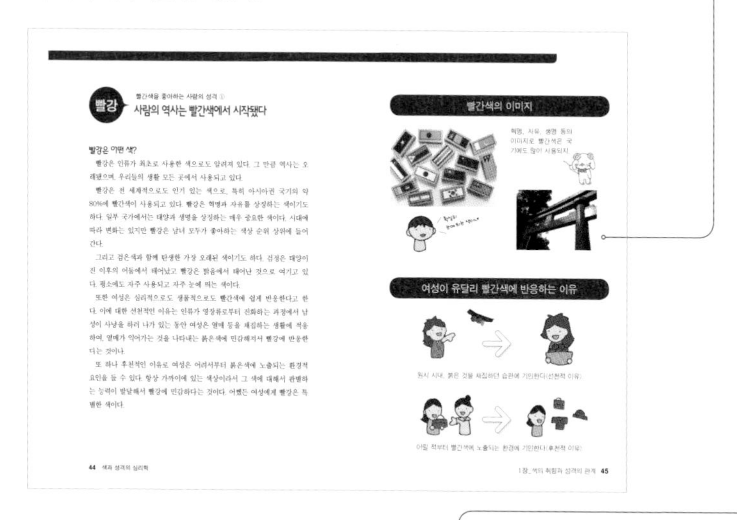

빨강 빨간색을 좋아하는 사람의 성격 ①

사람의 역사는 빨간색에서 시작됐다

빨강은 어떤 색?

빨강은 인류가 최초로 사용한 색으로도 알려져 있다. 그 만큼 역사는 오래됐으며, 우리들의 생활 모든 곳에서 사용되고 있다.

빨강은 전 세계적으로도 인기 있는 색으로, 특히 아시아권 국기의 약 80%에 빨간색이 사용되고 있다. 빨강은 혁명과 자유를 상징하는 색이기도 하다. 일부 국가에서는 태양과 생명을 상징하는 매우 중요한 색이다. 시대에 따라 변화는 있지만 빨강은 남녀 모두가 좋아하는 색상 순위 상위에 들어간다.

그리고 검은색과 함께 탄생한 가장 오래된 색이기도 하다. 검정은 태양이 진 이후의 어둠에서 태어났고 빨강은 밝음에서 태어난 것으로 여기고 있다. 평소에도 자주 사용되고 자주 눈에 띄는 색이다.

또한 여성은 심리적으로도 생물적으로도 빨간색에 쉽게 반응한다고 한다. 이에 대한 선천적인 이유는 인류가 영장류로부터 진화하는 과정에서 남성이 사냥을 하러 나가 있는 동안 여성은 열매 등을 채집하는 생활에 적응하여, 열매가 익어가는 것을 나타내는 붉은색에 민감해져서 빨강에 반응한다는 것이나.

또 하나 후천적인 이유로 여성은 어려서부터 붉은색에 노출되는 환경적 요인을 들 수 있다. 항상 가까이에 있는 색상이라서 그 색에 대해서 판별하는 능력이 발달해서 빨강에 민감하다는 것이다. 어쨌든 여성에게 빨강은 특별한 색이다.

44 색과 성격의 심리학

빨간색의 이미지

여성이 유달리 빨간색에 반응하는 이유

원시 시대, 붉은 것을 채집하던 습관에 기인한다(선천적 이유)

어릴 적부터 빨간색에 노출되는 환경에 기인한다(후천적 이유)

1장_색의 취향과 성격의 관계 45

○ 연애

연애관과 연애 스타일을 분석하고 해설하였다. 성격으로 알 수 있는 연애 성취와 만남 등에 참고할 수 있는 포인트도 정리했다. 또한 특히 어울리는 상대가 명확한 경우에는 'O색을 좋아하는 사람'과 궁합◎이라고 소개했다.

○건강

성격과 기분은 건강에도 큰 영향을 미친다. 몸의 상태뿐 아니라 성격의 어떤 부분이 건강에 영향을 미치는지를 분석했다.

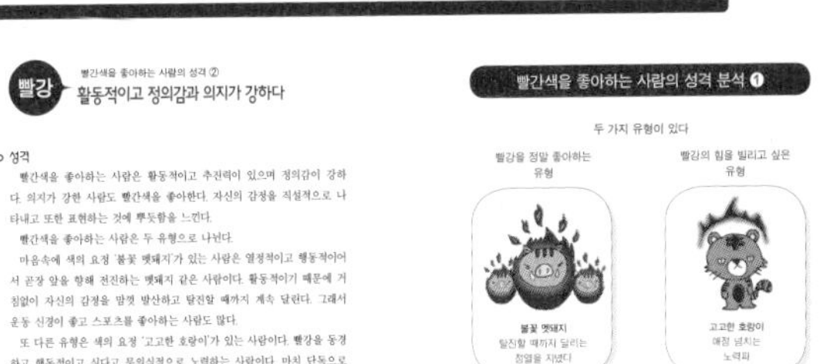

빨강 빨간색을 좋아하는 사람의 성격 ②

활동적이고 정의감과 의지가 강하다

성격

빨간색을 좋아하는 사람은 활동적이고 추진력이 있으며 정의감이 강하다. 의지가 강한 사람도 빨간색을 좋아한다. 자신의 감정을 직설적으로 나타내고 또한 표현하는 것에 뿌듯함을 느낀다.

빨간색을 좋아하는 사람은 두 유형으로 나뉜다.

마음속에 색의 요정 '불꽃 멧돼지'가 있는 사람은 열정적이고 행동적이어서 끝장 앞을 향해 전진하는 멧돼지 같은 사람이다. 활동적이기 때문에 거침없이 자신의 감정을 맘껏 발산하고 탈진할 때까지 계속 달린다. 그래서 운동 신경이 좋고 스포츠를 좋아하는 사람도 많다.

또 다른 유형은 색의 요정 '고고한 호랑이'가 있는 사람이다. 빨강을 동경하고 행동적이고 싶다고 무의식적으로 노력하는 사람이다. 마치 단독으로 행동하는 호랑이와도 같다. 다소 고독감을 느끼지만 다른 사람에게는 애정 넘치는 상냥한 사람이다. 무의식적으로 붉은색을 선택하고 그 색의 힘으로 자신의 행동력을 높이려고 한다.

인간관계

사교적인 사람으로 기본적으로 인간관계에서 어려움을 겪지 않는다. 남의 험담을 할 수도 있지만, 기본적으로 사람을 좋아한다. 불꽃 멧돼지 유형의 사람 주위에는 사람이 모여든다. 그러나 본인도 모르는 사이에 다소 강인한 면모로 인해 남들이 거북해하기도 하므로 주의가 필요하다. 고고한 호랑이 유형 중에는 주목받고 싶어 하는 마음도 있는 한편, 인간관계에서 피곤함을 느끼는 사람도 있다. 결국 금욕적 생활로 고독해질 수 있으니 균형 잡힌 인간관계를 구축하도록 하자.

46 색과 성격의 심리학

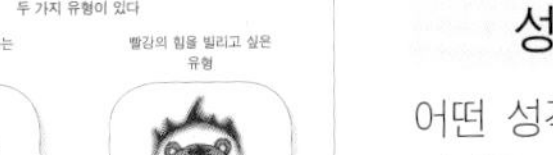

빨간색을 좋아하는 사람의 성격 분석 ❶

두 가지 유형이 있다

빨강을 정말 좋아하는 유형 / 빨강의 힘을 빌리고 싶은 유형

불꽃 멧돼지 — 탈진할 때까지 달리는 정열을 지녔다

고고한 호랑이 — 애정 넘치는 노력파

○기본 성격
- 활동적이고 거침없이 기분을 표현한다.
- 운동신경이 좋다.

○인간관계
- 사교적이고 인간관계에 어려움이 없다.

○기본 성격
- 빨강을 동경하며 활동적이고 싶어 한다.
- 무의식적으로 노력한다.

○인간관계
- 인간관계에 피곤함을 느껴 고독해질 수도 있다.

1장. 색의 취향과 성격의 관계 47

성격

어떤 성격인지, 기본적인 성격을 설명했다. 성격을 만드는 것은 마음속에 색의 요정이 있다고 생각하면 이해하기 쉬울 것이다. 색과 성격의 관계에 대해 색의 요정이 가진 이미지로 대충 파악할 수 있다.

인간관계

업무에서나 사생활에서나 인간관계가 원만하면 별일 없는 일상도 즐겁지만, 반대로 인간관계가 원만하지 않으면 하루하루가 힘들다. 여기서는 성격에서 오는 인간관계를 분석하였다.

강점과 약점

성격 진단으로 알게 된 사실에 '아~ 그렇구나'라는 말로 끝낼 것이 아니라 자신의 장점을 객관적으로 알고 활용하는 것이 중요하다. 색상별로 해당 색을 좋아하는 사람에게서 볼 수 있는 뛰어난 점을 토픽으로 정리했다. 사람은 불안감에 바로 약한 점을 고치고 싶어 한다. 자신의 약점이 다른 사람에게 폐를 끼치는 수준이라면 즉시 고치는 것이 좋다.
그러나 그 정도가 아니라면 먼저 해야 할 것은 장점을 늘리는 것이다. 자신만의 독자성을 강화하면 좋겠다. 색의 취향을 통해 몇 가지로 분류하였지만, 성격은 유일무이하다. 여러분만의 소중한 개성을 펼치기 바란다.

일

업무적인 면의 경향을 분석했다. 구체적인 직업을 예로 들어 성향을 살릴 수 있는 방법을 정리했다.

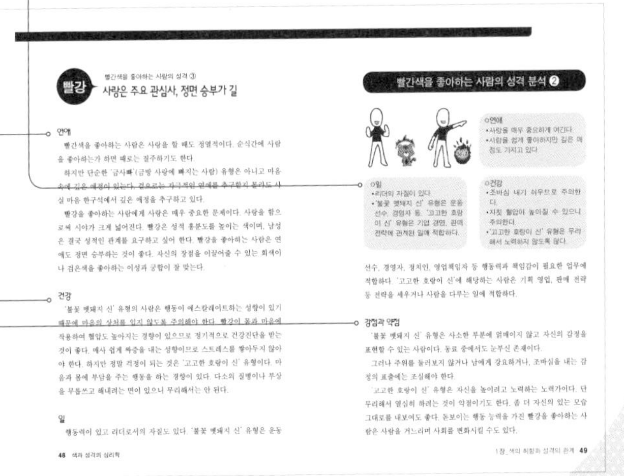

빨강 빨간색을 좋아하는 사람의 성격 ③

사랑은 주요 관심사, 정면 승부가 길

연애

빨간색을 좋아하는 사람은 사랑을 할 때도 정열적이다. 순식간에 사랑을 좋아하는가 하면 때로는 질주하기도 한다.

하지만 단순한 '금사빠'(금방 사랑에 빠지는 사람) 유형은 아니고 마음속에 깊은 애정이 있는다. 겉으로는 자극적인 연애를 추구할지 몰라도 사실 마음 한구석에서 깊은 애정을 추구하고 있다.

빨강을 좋아하는 사람에게 사랑은 매우 중요한 문제이다. 사랑을 함으로써 시야가 크게 넓어진다. 빨강은 성적 흥분도를 높이는 색이며, 남성은 결국 성적인 관계를 요구하고 싶어 한다. 빨강을 좋아하는 사람은 연애도 정면 승부하는 것이 좋다. 자신의 장점을 이끌어줄 수 있는 회색이나 검은색을 좋아하는 이성과 궁합이 잘 맞는다.

건강

'불꽃 멧돼지 신' 유형의 사람은 행동이 에스컬레이트하는 성향이 있기 때문에 마음의 상처를 입지 않도록 주의해야 한다. 빨강이 몸과 마음에 작용하여 혈압도 높아지는 경향이 있으므로 정기적으로 건강진단을 받는 것이 좋다. 매사 쉽게 짜증을 내는 성향이므로 스트레스를 쌓아두지 않아야 한다. 하지만 정말 걱정이 되는 것은 '고고한 호랑이 신' 유형이다. 마음과 몸에 부담을 주는 행동을 하는 경향이 있다. 다소의 질병이나 부상을 무릅쓰고 해내려는 면이 있으니 무리해서는 안 된다.

일

행동력이 있고 리더로서의 자질도 있다. '불꽃 멧돼지 신' 유형은 운동

48 색과 성격의 심리학

빨간색을 좋아하는 사람의 성격 분석 ❷

○연애
- 사랑을 매우 중요하게 여긴다.
- 사람을 쉽게 좋아하지만 깊은 애정도 가지고 있다.

○일
- 리더의 자질이 있다.
- '불꽃 멧돼지 신' 유형은 운동선수, 경영자 등, '고고한 호랑이 신' 유형은 기업 경영, 판매 전략에 관계된 일에 적합하다.

○건강
- 조바심 내기 쉬우므로 주의한다.
- 자칫 혈압이 높아질 수 있으니 주의한다.
- '고고한 호랑이 신' 유형은 무리해서 노력하지 않도록 한다.

선수, 경영자, 정치인, 영업책임자 등 행동력과 책임감이 필요한 업무에 적합하다. '고고한 호랑이 신'에 해당하는 사람은 기획 영업, 판매 전략 등 전략을 세우거나 사람을 다루는 일에 적합하다.

강점과 약점

'불꽃 멧돼지 신' 유형은 사소한 부분에 얽매이지 않고 자신의 감정을 표현할 수 있는 사람이다. 동료 중에서도 눈부신 존재이다.

그러나 주위를 둘러보지 않거나 남에게 강요하거나, 조바심을 내는 감정의 표출에는 조심해야 한다.

'고고한 호랑이 신' 유형은 자신을 높이려고 노력하는 노력가이다. 단 무리해서 열심히 하려는 것이 약점이기도 한다. 좀 더 자신의 있는 모습 그대로를 내보여도 좋다. 돋보이는 행동 능력을 가진 빨강을 좋아하는 사람은 사람을 거느리며 사회를 변화시킬 수도 있다.

1장. 색의 취향과 성격의 관계 49

빨간색을 좋아하는 사람의 성격 ①

사람의 역사는 빨간색에서 시작됐다

빨강은 어떤 색?

빨강은 인류가 최초로 사용한 색으로도 알려져 있다. 그 만큼 역사는 오래됐으며, 우리들의 생활 모든 곳에서 사용되고 있다.

빨강은 전 세계적으로도 인기 있는 색으로, 특히 아시아권 국기의 약 80%에 빨간색이 사용되고 있다. 빨강은 혁명과 자유를 상징하는 색이기도 하다. 일부 국가에서는 태양과 생명을 상징하는 매우 중요한 색이다. 시대에 따라 변화는 있지만 빨강은 남녀 모두가 좋아하는 색상 순위 상위에 들어간다.

그리고 검은색과 함께 탄생한 가장 오래된 색이기도 하다. 검정은 태양이 진 이후의 어둠에서 태어났고 빨강은 밝음에서 태어난 것으로 여기고 있다. 평소에도 자주 사용되고 자주 눈에 띄는 색이다.

또한 여성은 심리적으로도 생물적으로도 빨간색에 쉽게 반응한다고 한다. 이에 대한 선천적인 이유는 인류가 영장류로부터 진화하는 과정에서 남성이 사냥을 하러 나가 있는 동안 여성은 열매 등을 채집하는 생활에 적응하여, 열매가 익어가는 것을 나타내는 붉은색에 민감해져서 빨강에 반응한다는 것이다.

또 하나 후천적인 이유로 여성은 어려서부터 붉은색에 노출되는 환경적 요인을 들 수 있다. 항상 가까이에 있는 색상이라서 그 색에 대해서 판별하는 능력이 발달해서 빨강에 민감하다는 것이다. 어쨌든 여성에게 빨강은 특별한 색이다.

빨간색의 이미지

혁명, 자유, 생명 등의 이미지로 빨간색은 국기에도 많이 사용되지.

여성이 유달리 빨간색에 반응하는 이유

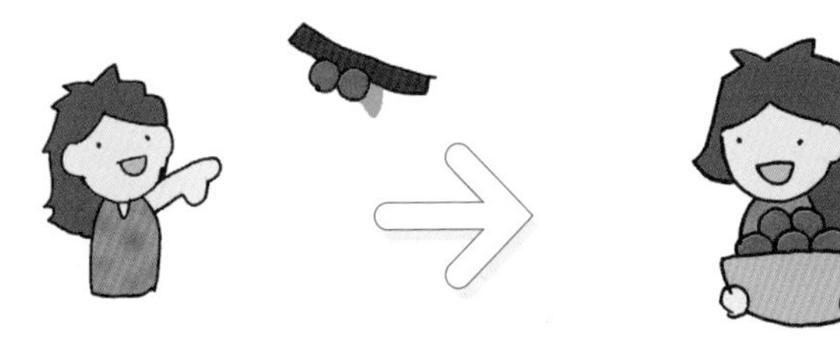

원시 시대, 붉은 것을 채집하던 습관에 기인한다(선천적 이유).

어릴 적부터 빨간색에 노출되는 환경에 기인한다(후천적 이유).

빨간색을 좋아하는 사람의 성격 ②

활동적이고 정의감과 의지가 강하다

성격

빨간색을 좋아하는 사람은 활동적이고 추진력이 있으며 정의감이 강하다. 의지가 강한 사람도 빨간색을 좋아한다. 자신의 감정을 직설적으로 나타내고 또한 표현하는 것에 뿌듯함을 느낀다.

빨간색을 좋아하는 사람은 두 유형으로 나뉜다.

마음속에 색의 요정 '불꽃 멧돼지'가 있는 사람은 열정적이고 행동적이어서 곧장 앞을 향해 전진하는 멧돼지 같은 사람이다. 활동적이기 때문에 거침없이 자신의 감정을 맘껏 발산하고 탈진할 때까지 계속 달린다. 그래서 운동 신경이 좋고 스포츠를 좋아하는 사람도 많다.

또 다른 유형은 색의 요정 '고고한 호랑이'가 있는 사람이다. 빨강을 동경하고 행동적이고 싶다고 무의식적으로 노력하는 사람이다. 마치 단독으로 행동하는 호랑이와도 같다. 다소 고독감을 느끼지만 다른 사람에게는 애정 넘치는 상냥한 사람이다. 무의식적으로 붉은색을 선택하고 그 색의 힘으로 자신의 행동력을 높이려고 한다.

인간관계

사교적인 사람으로 기본적으로 인간관계에서 어려움을 겪지 않는다. 남의 뒷말을 할 수도 있지만, 기본적으로 사람을 좋아한다. 불꽃 멧돼지 유형의 사람 주위에는 사람이 모여든다. 그러나 본인도 모르는 사이에 다소 강인한 면모로 인해 남들이 거북해하기도 하므로 주의가 필요하다. 고고한 호랑이 유형 중에는 주목받고 싶어 하는 마음도 있는 한편, 인간관계에서 피곤함을 느끼는 사람도 있다. 결국 금욕적 생활로 고독해질 수 있으니 균형 잡힌 인간관계를 구축하도록 하자.

빨간색을 좋아하는 사람의 성격 분석 ①

두 가지 유형이 있다

빨강을 정말 좋아하는 유형

불꽃 멧돼지
탈진할 때까지 달리는 정열을 지녔다

○**기본 성격**
- 활동적이고 거침없이 기분을 표현한다.
- 운동신경이 좋다.

○**인간관계**
- 사교적이고 인간관계에 어려움이 없다.

빨강의 힘을 빌리고 싶은 유형

고고한 호랑이
애정 넘치는 노력파

○**기본 성격**
- 빨강을 동경하며 활동적이고 싶어 한다.
- 무의식적으로 노력한다.

○**인간관계**
- 인간관계에 피곤함을 느껴 고독해질 수도 있다.

빨간색을 좋아하는 사람의 성격 ③

사랑은 주요 관심사, 정면 승부가 길

연애

빨간색을 좋아하는 사람은 사랑을 할 때도 열정적이다. 순식간에 사람을 좋아하는가 하면 때로는 질주하기도 한다.

하지만 단순한 '금사빠'(금방 사랑에 빠지는 사람) 유형은 아니고 마음속에 깊은 애정이 있다. 겉으로는 자극적인 연애를 추구할지 몰라도 사실 마음 한구석에서 깊은 애정을 추구하고 있다.

빨강을 좋아하는 사람에게 사랑은 매우 중요한 문제이다. 사랑을 함으로써 시야가 크게 넓어진다. 빨강은 성적 흥분도를 높이는 색이며, 남성은 결국 성적인 관계를 요구하고 싶어 한다. 빨강을 좋아하는 사람은 연애도 정면 승부하는 것이 좋다. 자신의 장점을 이끌어줄 수 있는 회색이나 검은색을 좋아하는 이성과 궁합이 잘 맞는다.

건강

불꽃 멧돼지 유형의 사람은 행동이 에스칼레이트하는 성향이 있기 때문에 마음의 상처를 입지 않도록 주의해야 한다. 빨강이 몸과 마음에 작용하여 혈압도 높아지는 경향이 있으므로 정기적으로 건강진단을 받는 것이 좋다. 매사 쉽게 짜증을 내는 성향이므로 스트레스를 쌓아두지 않아야 한다. 하지만 정말 걱정이 되는 것은 고고한 호랑이 유형이다. 마음과 몸에 부담을 주는 행동을 하는 경향이 있다. 다소의 질병이나 부상을 무릅쓰고 해내려는 면이 있으니 무리해서는 안 된다.

일

행동력이 있고 리더로서의 자질도 있다. 불꽃 멧돼지 유형은 운동선수,

빨간색을 좋아하는 사람의 성격 분석 ❷

○연애
- 사랑을 매우 중요하게 여긴다.
- 사람을 쉽게 좋아하지만 깊은 애정도 가지고 있다.

○일
- 리더의 자질이 있다.
- 불꽃 멧돼지 유형은 운동선수, 경영자 등. 고고한 호랑이 유형은 기업 경영, 판매 전략에 관계된 일에 적합하다.

○건강
- 조바심 내기 쉬우므로 주의한다.
- 자칫 혈압이 높아질 수 있으니 주의한다.
- 고고한 호랑이 유형은 무리해서 노력하지 않도록 않다.

경영자, 정치인, 영업책임자 등 행동력과 책임감이 필요한 업무에 적합하다. '고고한 호랑이 신'에 해당하는 사람은 기획 영업, 판매 전략 등 전략을 세우거나 사람을 다루는 일에 적합하다.

강점과 약점

불꽃 멧돼지 유형은 사소한 부분에 얽매이지 않고 자신의 감정을 표현할 수 있는 사람이다. 동료 중에서도 눈부신 존재이다.

그러나 주위를 둘러보지 않거나 남에게 강요하거나, 조바심을 내는 감정의 표출에는 조심해야 한다.

고고한 호랑이 유형은 자신을 높이려고 노력하는 노력가이다. 단 무리해서 열심히 하려는 것이 약점이기도 한다. 좀 더 자신의 있는 모습 그대로를 내보여도 좋다. 돋보이는 행동 능력을 가진 빨강을 좋아하는 사람은 사람을 거느리며 사회를 변화시킬 수도 있다.

분홍색을 좋아하는 사람의 성격 ①

사람을 아름답게 보이게 하는 마법의 색

분홍은 어떤 색?

분홍색은 특히 여성이 좋아하는 색상 순위에서 꾸준히 1위를 지키고 있는 색이다. 18세기 프랑스 로코코 양식과 우아한 궁정 여성 살롱 사회에서 대유행했던 색으로 드레스, 카펫, 의자 등에 사용되었다. 아트 데코와 팝 아트 분야에서도 분홍은 선호하는 색이며 역사적으로도 특히 여성에게 사랑받는 색이다.

예로부터 내려오는 전통 색에도 연분홍, 담홍색, 엷은 홍색 등 분홍을 많이 볼 수 있다. 그러나 분홍에서 느껴지는 달콤함에서 여성적이라는 이미지가 강하다 보니 저항감을 느끼는 사람도 있다.

한마디로 분홍이라고 해도 연한 벚꽃 색상부터 선명한 빨강에 가까운 것까지 다양하고, 같은 분홍이라도 색조에 따라 사람에게 주는 심리적 효과는 크게 다르다.

연한 색상의 분홍은 진정 효과가 있어 성격을 차분하게 하고 근육을 이완시키는 효과가 있다. 분홍색으로 꾸민 방에 있으면 치유 효과를 기대할 수 있다.

또한 분홍은 내분비계를 활성화하고 젊음을 촉진시키는 색이기도 하다. 분홍색 옷(속옷)을 입고 분홍색 물건을 자주 보면 정신적으로도 육체적으로도 젊어지는 것으로 알려져 있다.

나이가 들면서 눈에 띄는 색상의 옷을 꺼리게 되지만 오히려 분홍 같은 옷을 입는 것이 좋다. 여성은 사랑을 하면 분홍색을 추구하는 심리도 있어 사랑의 색으로도 알려져 있다. 보호하고 싶어 하는 심리에서 분홍을 추구하는 경우도 있다.

분홍색의 이미지

분홍색은 전 세계 사람들에게
사랑받는 색이야.

분홍색은 마음을 차분하게 한다

연한 분홍색에는 진정 효과가 있어 성격을 차분하게 하는 효과가 있는 한편
진한 분홍색에는 다른 효과도!? 상세한 내용은 p.52를 참조한다.

분홍

분홍색을 좋아하는 사람의 성격 ②

온화 또는 전략? 농도에 따라 나뉜다

성격

온화한 성격에 상냥한 평화주의자이다. 연하고 부드러운 분홍색을 좋아하는 사람의 마음속에는 색의 요정 '푹신푹신한 판다'가 있다. 색의 요정 중에서도 가장 부드럽고 온화한 성격으로, 섬세하여 쉽게 상처받는다. 공상가이기도 해서 혼자일 때는 멋진 미래를 떠올리며 지낸다. 특히 행복한 연애와 결혼에 대한 꿈을 좋아한다. 호기심이 왕성하고 다양한 것에 관심이 많고 사소한 자극을 추구하지만, 자신이 먼저 적극적으로 나서지는 않는다.

빨강에 가까운 진분홍을 좋아하는 사람의 마음에는 색의 요정 '전략적인 고양이'가 있다. 지적 교양 수준이 높고 머리가 좋으며 활동적이지만 감정에 치우치는 성향도 있다. 빨강을 좋아하는 사람의 성격에 가까운 측면도 갖고 있다. 고양이처럼 변덕스럽고 예민한 사람으로 여겨지고 싶으면 전략적으로 행동할 수도 있다.

인간관계

분홍색을 좋아하는 사람은 다른 사람과 원만하게 지낸다. 만약 스스로 좀 서툴다고 생각하더라도 잘해 나갈 자질이 있기 때문에 괜찮다. 기본적으로 사람을 좋아하기 때문에 남의 좋은 점을 보려고 한다. 친절하고 배려심이 많은 모습이 함께하는 사람들을 기분 좋게 만든다. 푹신푹신한 판다 유형은 자신의 분수를 알고 겸손해서 과하게 나서지 않는다. 또한 섬세한 면이 있어 상대의 뜻밖의 행동에 마음 아파하기도 한다. 전략적인 고양이 유형은 주목받고 싶은 마음이 있기 때문에 남과 적절한 거리를 유지한다.

분홍색을 좋아하는 사람의 성격 분석 ❶

두 가지 유형이 있다

연분홍을
좋아하는 유형

푹신푹신한 판다
온화한 성격에
친절하다

○기본 성격
- 부드럽고 온화한 성격이다.
- 상처받기 쉽고 섬세하다.
- 행복한 결혼을 꿈꾼다.

○인간관계
- 교제에 조심스럽다.
- 인간관계에서 상처받기도 한다.

진분홍을
좋아하는 유형

전략적인 고양이
현명하고 감정적이다

○기본 성격
- 지적 교양 수준이 높다.
- 활동적인 면도 있다.
- 우아하게 보이고 싶어 한다.

○인간관계
- 남과의 교제는 능숙하다.
- 주목받고 싶어 한다.

분홍색을 좋아하는 사람의 성격 ③

상냥함이 장점도 단점도 된다

연애

분홍색을 좋아하는 사람에게 연애는 중요하다. 심지어 연애가 전부인 사람도 있다고 해도 과언이 아니다. 아직 상대가 없는 사람은 어떻게 멋진 애인을 만들지, 또 애인이 있는 사람은 상대와 어떤 멋진 하루를 보낼지가 중요한 관심사이다. 아이가 있는 사람이라면 아이와 어떻게 하면 행복한 삶을 만들어갈지를 중요하게 여긴다. 분홍색을 좋아하는 사람의 애정은 매우 깊고 맑다. 사랑받고 싶은 마음이 강한 나머지 상대에게 휘둘리기도 한다.

여성이라면 빨간색, 흰색, 밝은 회색을 좋아하는 남성, 남성이라면 파란색, 분홍색을 좋아하는 여성과 궁합이 잘 맞는다.

건강

푹신푹신 판다 유형은 기본적으로 건강하다. 분홍색을 입고 분홍색으로 꾸민 방에서 생활하면 외모나 신체 나이가 젊어진다는 실험 결과도 있다. 섬세해서 강한 것에 무너지는 성격이기 때문에 스트레스에 쉽게 노출되어 만성적으로 면역 체계에 나쁜 영향을 주게 된다. 감기 등의 감염이나 혈압 상승으로 인한 컨디션 난조에 주의해야 한다. 전략적인 고양이 유형은 주목받고 싶은 마음에 무리하기도 하므로 몸과 마음에 부담을 주지 않도록 주의해야 한다.

일

상냥하게 배려하는 성격을 활용할 수 있는 일이 어울린다.

분홍색을 좋아하는 사람의 성격 분석 ②

○연애
- 사랑이 전부인 사람도 있다.
- 애인을 어떻게 만들까, 어떻게 보낼까 하는 생각이 마음을 지배한다.

○일
- 푹신푹신한 판다 유형은 간병인, 간호사, 디자이너 등이 어울린다.
- 전략적인 고양이 유형은 미용사, 요리연구가, 댄서 등이 적합하다.

○건강
- 푹신푹신 판다 유형은 여러 가지에 쉽게 영향을 받고 그로 인해 몸에 적신호가 온다.
- 전략적인 고양이 유형은 무리하지 않도록 주의한다.

푹신푹신 판다 유형의 사람은 간병인, 간호사, 디자이너, 영업 사무 등의 일이 적합하다.

전략적인 고양이 유형은 요리연구가, 미용사, 댄서 등 표현하거나 평가하는 일이 적합하다.

강점과 약점

분홍색을 좋아하는 사람의 가장 큰 강점은 상냥함과 배려심 있는 아름다운 마음이다. 다만 상냥함은 오히려 약점이 되기도 한다. 다른 사람에게 이용당하거나 사소한 일에 상처받을 수도 있다.

성격적으로도 분홍색을 좋아하는 사람은 자신을 바꾸기 매우 어려운 타입이다. 하지만 상냥하고 섬세한 성격으로 주위 사람을 행복하게 만들 수 있다.

주황색을 좋아하는 사람의 성격 ①

감귤에서 유래하는 따뜻한 색채

주황은 어떤 색?

색의 이름은 자연과 동물 등 다양한 것에서 유래했지만 주황(橙)은 귤과의 감귤인 등자나무에서 붙은 이름이다. 익은 열매가 떨어지지 않고 2, 3년 동안이나 나뭇가지에 붙어 있기 때문에 '대대(代代)'라고 불리게 된 것이 이름의 유래이다. 인도, 히말라야가 원산지로 중국에서 일본에 전해졌다. 과실은 오래 전부터 있었지만, 색의 이름으로 인정된 것은 비교적 최근의 일로 새로운 색 이름 중 하나이다. 과거로 거슬러 올라가면 고대 크레타 문명, 고대 그리스에서도 볼 수 있었던 색이고 르네상스 시대에도 다채로운 색상의 하나로 사용되었다.

일본에서는 주황(橙)이라는 글자가 사용되기 전에는 감색(홍시색), 붉은 울금, 홍귤색으로 등자 계통의 색이 사용되어 왔다. 에도 시대에는 연한 감색(홍시색)인 세련된 감색(홍시색)이 서민들 사이에서 유행했다.

유럽이 원산지인 과실에서 유래한 오렌지와 등자는 동일한 색상으로 사용되는 것이 일반적이다. 감귤색은 등자나 오렌지보다 조금 더 노란색이다.

주황은 비타민 컬러라고도 불리는데 보면 힘이 나고 빨강이나 노랑처럼 따뜻한 색을 대표하는 색상이다.

따뜻함을 느끼게 하는 색이어서 풍경에서도 익숙하기 때문에 가을과 겨울에 선호된다. 태국과 인도, 네팔 등에서는 승려가 입는 법복의 색으로 봉사, 더없는 행복, 사랑을 나타낸다. 식욕을 돋우는 색이기도 하지만, 숙취일 때 주황색 옷을 입으면 증상을 악화시킨다고도 알려져 있다.

주황색의 이미지

주황의 색 이름은 등자 열매에서 유래했어.

등자색

오렌지색

귤색

엄밀하게는 미묘하게 색이 다르지만 통틀어서 주황색이나 오렌지색이라고 부르는 것이 일반적이야.

주황색을 좋아하는 사람의 성격 ②

행동적이고 사교적이며 동료를 소중히 여긴다

성격

주황은 활동적이고 명랑하며 건강한 사람이 좋아하는 색이다. 경쟁심이 강하고 남에게 지는 것을 싫어하며 희노애락이 극명하고 매우 인간적이라고도 할 수 있다.

쉽게 친해지는 성격으로 마음에 색의 요정 '사교적인 사자'가 있다. 활기차고 강해서 첫인상은 무서워 보일 수도 있지만 사실은 친근하고 주위 사람을 소중히 여긴다. 사자처럼 무리를 지어 행동하는 특성이 있고 사교적이며 사람을 좋아하고 동료 의식이 강하다. 노력하는 사람을 응원하기 위해 때로는 자신의 감정에 무리를 해서라도 주위 사람을 북돋우려고 애쓴다. 한 번 결정한 일은 관철하려고 하는 의지가 강한 사람이다. 기분이 가라앉을 때도 있지만 긍정적으로 기분을 전환하는 능력이 높고 사자처럼 강하게 전진한다.

인간관계

사교적인 사자가 마음속에 있기 때문에 주위에 사람이 저절로 모여든다. 혼자 있는 것을 좋아하지 않아 자연스레 친구나 아는 사람이 늘어간다. 직장에서는 상사나 동료, 후배 직원들을 배려하며 원활하게 업무를 추진한다. 따뜻한 인정미가 있어 누구에게나 사랑받지만 희노애락이 극명한 사람이나 경쟁심이 강한 사람도 있다.

기본적으로 남과 사이좋게 지낼 수 있지만, 사소한 일로 뒤틀리면 인간관계에 문제가 될 수 있으므로 주의해야 한다. 본인 스스로 사교적이지 않다고 생각하는 사람도 알고 보면 사교적인 자질이 있을 수 있다.

주황색을 좋아하는 사람의 성격 분석 ①

한 가지 유형이다

사교적인 사자

행동적이고 사교적이며
동료를 소중히 여긴다

○기본 성격

- 건강하고 명랑하다.
- 경쟁심이 강하고 지기 싫어한다.
- 감정적으로 인간적이다.
- 동료 의식이 강하다.

○인간관계

- 친구를 소중히 여기며 남들과 쉽게 친해진다.
- 사교적이어서 여러 유형의 사람과 친하게 지낸다.

주황색을 좋아하는 사람의 성격 ③

타고난 행동력과 인간성이 무기

연애

연애를 할 때도 적극적이어서 기본적으로는 먼저 고백하는 등 적극적인 자세로 연애에 임한다. 기다리는 사랑보다 다가가는 사랑을 하고 싶어 한다.

자칫하면 무리하게 밀어붙이는 경우도 있지만, 주황색을 좋아하는 사람의 가장 큰 매력은 사람을 불러 모으는 인간성이다. 때문에 시간이 지나면 자신의 장점을 알아주는 것이 연애 성취를 위한 한 걸음이 될 수도 있다. 한편 결혼 욕구는 강하지 않은 사람이 많다.

건강

사교적이지만 다소 무리해서 자리의 분위기를 띄우려고 애쓰는 성향으로 인해 자신도 모르게 스트레스가 쌓일 수 있다.

초조해하거나 쉽게 분노하는 사람은 원인을 냉정하게 들여다봐야 한다. 그러는 사이에 분노의 감정은 가라앉을 수도 있다.

또한 주황은 식욕을 자극하는 색이다. 주황을 많이 사용하면 식욕이 솟아나서 과식할 수도 있으니 주의해야 한다. 과음으로 다음날 숙취가 있을 때는 주황색 계열의 옷은 피하는 것이 좋다.

일

기본적으로 사람을 상대하는 영업이나 접객 관련 업무가 적합하다. 어떤 사람들을 대상으로, 어떤 물건을 팔고 서비스할 때 자신의 기분이 좋은지를 세분화해서 고려하는 것이 좋다. 접객 업무라고 해도 판매원이냐 호텔이냐 은행의 접수 업무이냐에 따라 업무 내용이나 상대하는 사람이

주황색을 좋아하는 사람의 성격 분석 ②

○연애
- 사랑에 적극적이다.
- 시간을 두고 인간성을 이해받으면 좋다.

○일
- 접객 업무가 적합하다.
- 어떤 사람을 상대하는 것이 좋은지를 생각하고 일을 선택하면 좋다.

○건강
- 자신도 모르게 무리하는 탓에 쉽게 스트레스가 쌓인다.
- 과식에 주의한다.

달라진다.

강점과 약점

강점은 행동력과 다른 사람에게 사랑받는 인간성이다. 무슨 일을 하고자 생각할 때 행동력과 모여드는 사람이 소중한 보물이다. 약점이라고 하면 참견하는 성향이 있어 문제를 휘저어 어지럽히다가 난처한 상황에 놓이기도 한다. 불필요한 경쟁심으로 다른 사람과 비교하거나 사소한 일에 마음이 동요되어 화를 낼 수도 있다.

희로애락은 인간적이고 자신다움을 표현하는 수단이기도 하지만, 일시적인 감정으로 타인에게 상처 주지 않도록 배려해야 한다.

순수한 마음으로 다른 사람을 도울 수 있고 다른 사람들의 도움도 선뜻 받아들인다.

노란색을 좋아하는 사람의 성격 ①

노랑은 어떤 색?

노란색은 오래전부터 사용되고 있는 색이고 색 이름으로도 비교적 오래된 색이라고 한다. 물감의 삼원색 중 한 색이고 스펙트럼의 파장 580nm 부근의 색채이다. 노랑은 빨강과 초록의 혼합으로, 초록 파동의 회복 효과와 빨강 파동의 자극 효과가 혼합되어 있다. 따라서 노랑은 기능을 자극하고 상처를 회복시키는 두 가지 효과가 있다*.

노랑은 희망과 행복을 상징하는 색이자 태양을 나타내는 등 긍정적인 이미지가 있는 반면 불안과 위험, 부정한 색으로도 여겨지는 색이다.

심리적으로 자신감과 낙천적인 태도를 갖게 하는 노란색에는 새로운 아이디어를 얻도록 도움을 힘이 있다. 안전색채(安全色彩)로서 노랑은 조심, 주의 또는 방사능 표지에 사용하고 노랑과 검정의 배색은 명시성과 가독성이 가장 높아 어린이 시설 주변, 어린이용품, 통학 차량에 적용된다*.

세계적으로 보더라도 노란색에 대한 평가는 극과 극으로 나뉘고 있어 불가사의한 색이라고도 한다. 인도, 네팔, 중국에서는 고귀한 색으로 여겨지고 있다. 유럽과 미국에서도 행복을 연상시키는 색으로 노랑을 말하는 사람은 많다.

반대로 기독교 국가들에서는 유다가 노란색 옷을 입고 있었다고 해서 배신의 색으로 꺼리는 경향이 있다. 또한 국가에 따라서는 '죽음'이나 '삼류'를 나타내는 색이기도 하다.

아이가 가장 먼저 인지할 수 있는 색의 하나이며, 어린이들에게 인기가 많은 색이다. 어른이 되면 선호도가 낮아져서 랭킹 상위에 이름을 올리지 못하는 색이기도 한다.

---

*출처 : 네이버 지식백과

노란색의 이미지

노란색은 행복과 희망의 이미지가 있어.

어린아이는 노란색과 빨간색에 가장 먼저 반응하지.

눈 안에서는 빨강, 초록, 파랑을 감지하고 뇌에서 합성하여 색을 보는 거야. 어린아이는 파랑을 감지하는 기관이 아직 발달하지 않아서 처음에는 빨강과 초록의 원뿔로 보이는 노랑과 빨강에 쉽게 눈이 가지.

뇌에서 빨강과 초록을 합체해서 노란색을 본다.

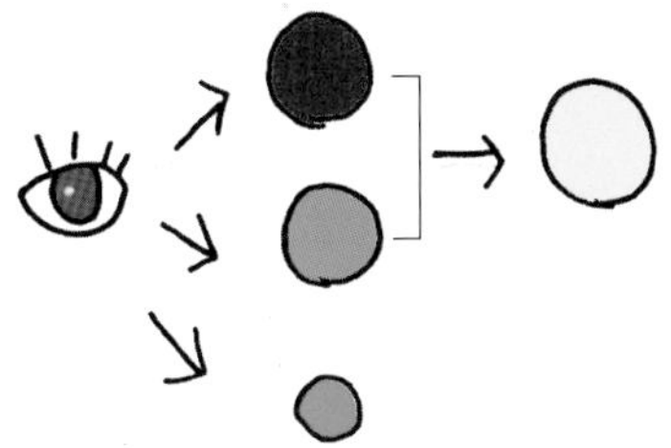

노란색을 좋아하는 사람의 성격 ②

성격

노랑은 지적이고 상승 지향이 강한 사람이 좋아하는 색이다. 그런 사람은 호기심과 연구심도 왕성하여 다양한 것에 도전하는 자세를 가지고 있다. 노란색을 좋아하는 사람의 마음속에는 색의 요정 '새로운 것을 좋아하는 알파카'가 있다. 새로운 것이나 남다른 것을 좋아하고 유머 감각이 있는 독특한 성격의 소유자이다.

개성적이고 남과 다른 발상을 갖고 있으며 이야기를 재미있게 해 주위 사람들이 인정하는 모임의 중심 인물이다. 새로운 것을 좋아하는 반면 다소 금방 싫증내는 면이 있어서 여러 가지 일을 오래 하지 못하는 경향도 있다. 책임을 회피하고 자유롭게 어딘가로 떠나버리는 성향도 있다.

인간관계

유머 감각이 있는 재미있는 성격이라 다른 사람들이 호감을 느끼며 인간관계도 원만하다.

그런데 이상주의로 금욕적으로 치달으면 다른 사람의 이해를 얻지 못해 고립될 수도 있다. 또한 지나치게 자유를 추구하다 보면 주위 사람들로부터 멀어질 위험성도 있다. 노란색을 좋아하는 사람은 그럴 위험성이 있는 성격이기도 하다. 노란색은 전체 속에서 조금만 있어도 강한 빛을 발산한다. 하지만 너무 많이 사용하면 사람들에게 불쾌감을 주는 색이기도 하다.

인간관계도 비슷해서 많은 사람 속에서 노란색을 좋아하는 사람은 주위를 확 밝혀주는 존재감도 드러내지만 지나치게 주장하다 보면 주위에도 나쁜 영향을 미치게 된다.

노란색을 좋아하는 사람의 성격 분석 ❶

한 가지 유형이다

새로운 것을 좋아하는 알파카
새로운 것을 매우 좋아하고
유머 감각이 넘친다

기본 성격

- 지적이고 상승 의식이 높다.
- 새로운 것을 매우 좋아하고 호기심이 왕성하다.
- 개성이 강하고 남들과 발상이 다르다
- 재미있는 사람으로 그룹의 중심 인물이다.

인간관계

- 많은 사람이 모여든다.
- 이상주의나 자유주의가 지나치면 고립될 수도 있다.

노란색을 좋아하는 사람의 성격 ③

연애

자신처럼 밝고 말을 잘하는 사람을 추구한다. 다만 이상이 높기 때문에 상대에게 요구하는 조건도 많다.

자신의 상승 지향 성향이 높기 때문에 마음의 만족감을 추구한다. 따라서 자신에게 향하는 애정에 만족하지 못하는 사람도 있는 것 같다.

실제로 궁합이 잘 맞는 것은 따뜻한 계열의 색을 좋아하는 사람이 아닌 보라색이나 파란색 계열의 색을 좋아하는 사람이다. 자신에게 부족한 점을 보완하는 형태가 바람직하다.

건강

노란색은 정신적으로 불안정할 때 찾는 색이라는 점에서 노란색을 좋아한다면 정신적으로 지쳐 있다는 증거이기도 하다.

그럴 때는 노란색 물건을 지니거나 노란색 옷을 입어 보는 것도 좋다. 과도하게 사용하지 않되 노란색 계열의 속옷을 입거나 원 포인트로 노란색을 사용하는 것을 추천한다. 노란색의 양을 적당하게 조절하는 것이 중요하다.

일

비즈니스 감각이 뛰어난 사람이다. 아이디어가 풍부하고 높은 이상을 향해 나아가는 힘이 있다. 또 다양한 계획을 세우고 체계적으로 실현해 나갈 수 있다. 뛰어난 표현력을 살려서 눈에 띄는 일, 남을 웃기는 일, 이야기를 하는 일이 어울린다. 영업, 컨설턴트, 연예인, 배우, 기업 경영자 등도 괜찮다.

노란색을 좋아하는 사람의 성격 분석 ❷

연애

- 상대는 물론 상대와의 관계에 요구하는 이상이 높다.
- 채워지지 않는 애정을 느끼는 사람도 많다.
- 자신에게 없는 것을 보완해 주는 상대와 잘 맞는다.

일

- 높은 이상을 세우고 실현해 나갈 수 있다.
- 풍부한 표현력을 살릴 수 있는 일이 적합하다.
- 영업, 컨설턴트, 연예인, 배우 등

건강

- 정신적으로 지쳐 있을 수도 있다.
- 지쳐 있을 때는 노란색을 몸에 지닌다.

강점과 약점

노란색을 좋아하는 사람은 호기심이 왕성하고 다양한 것에 도전하는 모험심이 있다. 주위로부터 많은 것을 흡수하여 지적 매력이 한층 더 빛나 사람이 모여든다. 주변에 있는 사람 또한 둘도 없는 재산이다.

약점은 이상 실현 목표가 지나치면 주위로부터 고립될 가능성도 있고 많은 사람 가운데 눈에 띄는 존재감은 오히려 고민이기도 하다.

주변과 조화를 이루면서도 자신의 자유로운 성향과 주장을 살려서 이상을 향해가는 것이 좀 더 재능을 키울 수 있다. 강점인 도전 정신을 키워 보자.

연두색을 좋아하는 사람의 성격 ①

개인적이고 창의적이며 관찰력이 뛰어나다

연두는 어떤 색?

연두색이라고 하면 봄에 움트는 나뭇잎의 색인 연한 녹색을 떠올린다. 그 밖에도 담녹색, 새싹색, 모종색 등 연두색은 싹이나 잎의 색에 빗대어 이름 붙여진 것이 많다. 색 이름으로는 비교적 새로운 색이다.

성격

녹색을 좋아하는 사람보다 사교적이고 노란색을 좋아하는 사람보다는 창조적이고 부드럽다. 다양한 것에 도전하고 새로운 것을 좋아하는 사람이 많다고 할 수 있다. 다른 사람과 겹치지 않는다는 이유로 연두색을 좋아하는 사람도 있고, 개성적인 사람이나 개성적이고 싶어 하는 사람도 좋아하는 색이다. 그런 사람의 마음속에는 색의 요정 '다재다능한 안경 원숭이'가 있다. 지각 인지 능력이 뛰어나고, 높은 안목으로 관찰하며 다방면의 것을 흡수하여 활용한다.

인간관계

사교적인 성격이지만, 남의 시선을 신경 쓰는 성향이 있어 자기도 모르는 사이에 다른 사람을 관찰하고 있다. 사람에 대한 지각 능력과 분석 능력이 뛰어나고 기본적으로 인간관계 구축에는 능숙하지만 다른 사람과 접촉하는 것에 쉽게 지치고, 만남 자체를 좋아하지 않는 경우도 적지 않다. 다른 사람의 눈을 지나치게 신경 쓰지 않기 위해서라도 자신다움을 밀고 나가는 것이 좋다.

연두색을 좋아하는 사람의 성격 분석 ❶

한 가지 유형이다

다재다능한 안경 원숭이
개성적이고 창의적이며
관찰력이 뛰어나다

○기본 성격

- 창의적인 것을 매우 좋아한다.
- 새로운 것에 도전한다.
- 관찰력, 통찰력이 뛰어나다.
- 개성적이다.

○인간관계

- 사교적이고 다른 사람과 잘 사귄다.
- 다른 사람의 눈을 지나치게 신경 쓰는 성향도 있다.

연두색을 좋아하는 사람의 성격 ②

싹이 나는 나무처럼 뻗어나가는 힘, 가끔 멈춰서면 좋다

연애

연애 대상으로부터 자극을 받고 싶어 하는 타입이다. 연애에 대한 호기심이 많고, 특히 새로운 사랑에 민감하게 반응한다. 서로에게 좋은 자극이 되어 성장할 수 있는 관계를 만들면 좋을 것이다. 감성적으로 민감한 부분이 있어서 반응이 빠르나, 때로는 이것이 남에게는 조금 변덕스러워 보이기도 한다. 감각적인 부분은 상대와의 차이를 만드는 요인이 된다. 상대와 잘 되지 않는다고 느끼면 제대로 대화를 해서 메워가야 한다.

건강

다재다능한 안경 원숭이 유형은 생명력이 강하고 앞으로 뻗어나가는 힘을 가지고 있으며 에너지가 넘치는 사람이다.

고집스러울 때가 있어 무리를 해서라도 주위의 기대에 부응하려고 애쓰기도 하므로 스트레스에 주의해야 한다.

또한 정체되는 것을 불안해하고 두려워해서 멈추지 않는 성격이기도 하다. 가끔은 한걸음 멈춰 서서 주위를 돌아보는 것도 좋다.

일

자신의 의식이 사람이 아닌 물건으로 향하면 새로운 것을 차례차례 만들어내는 힘이 된다. 창의적이고 감성도 풍부하다. 새로운 업무나 사업에서 재능을 발휘하는 사람이 많고 기업가, 기획자, 제작자 등의 일이 적합하다. 창의적인 능력이 중시되는 광고 대행사에 종사하는 사람 중에서도 연두색을 좋아하는 사람을 많이 볼 수 있다.

연두색을 좋아하는 사람의 성격 분석 ❷

○연애
- 연애 호기심이 강하다.
- 변덕스럽게 비치기도 한다.
- 상대와 제대로 이야기 나누는 것이 중요하다.

○일
- 창의적인 일에 적합하다
- 기획자, 제작자, 디자이너 등이 어울린다.

○건강
- 건강은 타고 났다.
- 멈추는 것을 두려워한 나머지 무리하는 경우도 있다.

강점과 약점

새로운 것을 좋아하고 창의적이며 성격이 상냥한 것도 큰 장점이다. 한편 다른 사람의 시선을 신경 쓰거나 남을 배려하는 마음이 지나쳐서 정신적으로 피로를 쉽게 느낀다.

무리하지 말고 자신답게 사는 방법을 익히면 한층 더 충실한 인생이 될 것이다. 노란색과 녹색의 장점을 겸비한 재능은 매력적이고 강력한 무기가 된다. 넘치는 창의력으로 문제를 해결해 나갈 수 있는 사람이다.

녹색

초록색을 좋아하는 사람의 성격 ①

사람의 마음과 몸을 치유하는 인기 색

녹색은 어떤 색?

윤택함을 형용하는 단어로 녹색은 비교적 옛날부터 사용되어 왔지만, 색 이름으로 초록이 새롭게 녹색으로 인식된 것은 최근의 일이다. 옛날에는 녹색 채소를 푸성귀라고 불렀고, 녹색은 파란색과 딱히 구별하지 않고 사용되어 왔다.

또한 우리가 흔히 알고 있는 신호등의 청신호는 파란색이 아니다. 신호등은 녹색이다. 신호등이 처음 등장했을 때 파란색과 녹색을 명확하게 구분하지 않았기 때문에 녹색 신호가 아닌 청신호라고 부르게 되었다고 한다.

한편 전 세계적으로 녹색은 풍요로운 자연을 표현하는 색일 뿐만 아니라 용기, 희망, 영원한 사랑을 상징하는 색으로도 사용된다.

녹색은 사람의 마음을 치유하는 색이다. 녹색을 가까이 하고 숲이나 초원 등 자연의 풍경을 연상하고 녹색을 보고 있는 것만으로도 힐링이 된다고 느끼는 사람도 많다.

치유되는 기분이 들 뿐만 아니라 실제로도 몸에 도움 되는 기능이 있다. 녹색은 가시광선의 중앙 부분에 있어 녹색을 감지하려면 여러 추상체(추체, 색을 보는 기관)의 반응을 통해 본다(녹색 추상체를 중심으로 파란색 추체와 빨간색 추체가 더해진다).

따라서 시신경의 부담이 경감되어 눈이 피로하지 않다. 반대로 빨간색은 빨간 추상체만 반응하기 때문에 눈의 부담이 커서 빨간색만 보고 있으면 피곤해진다.

녹색의 이미지

예로부터 녹색 신호를 청신호, 녹색 야채를 푸성귀라고 불렀지. 녹색이 색으로 인정받은 건 최근의 일이야.

가시광선

각 추상체의 감도 이미지

녹색은 이미지로 치유될 뿐만 아니라 실제로 눈의 기관에도 편안하다.

녹색은 시신경에 가하는 부담을 줄여 눈의 피로를 덜어줘.

도시에 살고 있는 사람은 녹색에 대한 욕구가 크지.

녹색을 좋아하는 사람의 성격 ②

평화주의 안에 강한 신념을 갖고 있다

성격

녹색을 좋아하는 사람은 사회성이 강하고 성실하다.

평화주의자여서 다른 사람과 다투는 것을 좋아하지 않는다. 사람보다는 자연과 동물을 좋아하고 시골에서 살기를 꿈꾸는 사람도 많다.

녹색을 좋아하는 사람의 마음에는 색의 요정 '평화주의 캐피바라*'가 살고 있다. 캐피바라와 같이 외형부터 온화하고 여유로우며 평온하게 지낸다. 그러나 내면에는 단단한 이념과 신념이 있기 때문에 평온함과 강한 본성 둘 모두를 겸비하고 있는 사람이라고 할 수 있다. 자기 방식을 고집하는 것으로 보이기도 하며 개인주의적인 측면도 있다. 녹색을 좋아하는 사람은 호기심도 강하지만, 스스로가 기획하기보다는 누군가가 기획하는 것을 바라는 유형이다.

연한 녹색, 밝은 녹색을 좋아하는 사람은 녹색의 성격 중에서도 호기심이 더 강한 유형으로 행동적이며 예술적인 것에도 이끌린다.

*캐피바라 : 남아메리카에 사는 설치류 중 최대의 동물. 꼬리는 없고, 발에 물갈퀴가 있다.

인간관계

예의가 바르고 겉과 속이 같다. 다른 사람을 진실되게 대하고 또 진실된 마음으로 대하려고 한다. 사람을 다루는 능력이 뛰어나고 조정 능력도 있지만, 사람과의 커뮤니케이션을 크게 좋아하는 것은 아니다. 자기주장에는 다소 소극적이고 첫 만남에서 마음을 잘 열지 않는 경향이 있다.

사람에게 이용당하는 일도 있으니 주의해야 한다. 남을 쉽게 믿는 사람이나 강요에 쉽게 넘어가는 사람은 조심하기 바란다.

녹색을 좋아하는 사람의 성격 분석 ❶

한 가지 유형이다

평화주의 캐피바라

온화하지만 강한 본성을 가졌다

○기본 성격

- 온화하고 태평하다.
- 내면에는 강한 신념이 있다
- 조화를 중시하면서도 개인주의 측면도 있다.
- 호기심이 강한 반면 의존적이다.

○인간관계

- 남과 잘 지낸다
- 단, 사람을 그다지 좋아하지는 않는다.

녹색을 좋아하는 사람의 성격 ③

영화 같은 격렬한 사랑은 서툴다, 깊은 애정으로 감싼다

연애

영화나 드라마에서 나올 법한 극적인 연애가 아닌 평온한 연애를 추구하는 사람이 많다. 녹색을 좋아하는 사람은 타인을 신경 쓰는 경향이 있어서 피곤을 느끼는 격렬한 연애를 선호하지 않는다.

한편, 마음속으로는 자비로운 애정을 가지고 있다. 연애 감정이 고조되어 심하게 화를 내거나 짜증내는 일은 좀처럼 없으며 깊은 애정으로 상대를 감싸려고 한다. 그러나 우유부단한 점은 상대와 원만한 관계를 유지하지 못하는 원인이 될 수도 있으므로 주의해야 한다.

건강

녹색을 좋아하는 사람은 먹는 것도 매우 좋아해서 맛있는 것을 보면 열중한다. 녹색을 좋아한다고 해서 채소를 많이 먹는 사람만 있는 것은 아니므로 육류나 탄수화물뿐만 아니라 식사 전체의 균형에 신경을 써야 한다. 다만 건강에 관심만 있지 몸에 좋은 것을 실천하는 것은 좋아하지 않는다. 또한 유난히 녹색이 신경 쓰인다면 눈이 지쳐 있다는 신호일 수도 있으니 목욕과 충분한 수면으로 눈과 몸을 쉬게 하자.

일

사람을 대하는 일에도 적합하고 무언가에 몰두하는 일에도 적합하다.

성격이 온화해서 직업으로는 교육자가 잘 어울린다. 영업, 판매 등의 일도 소화해 낼 수 있고 사람을 지도하는 자리에서도 능력을 발휘할 수 있다. 또한 의사, 연구원, 농업, 자연과 관련된 일도 좋다.

녹색을 좋아하는 사람의 성격 분석 ②

○연애
- 평온한 연애를 추구한다.
- 우유부단한 성격 탓에 두 사람의 관계에 균열이 생길 수도 있다.

○일
- 사람을 상대하는 일도, 혼자서 몰두하는 일도 적합하다.
- 교육자, 영업, 판매직, 의사, 연구원 등

○건강
- 과식하지 않도록 주의한다.
- 눈의 피로에 주의하자.
- 목욕과 수면으로 휴식을 취한다.

강점과 약점

솔직하고 성실한 성격이다. 다른 사람에게 상냥하고, 평화롭게 조정하는 역할을 잘 한다. 그러나 마음속에는 곧은 심지를 지니고 있어 균형 잡힌 성격이 강점이라고 할 수 있다.

조금은 의존하거나 은둔하려는 경향이 있기 때문에, 스스로 움직이는 힘을 익히면 더욱 더 균형 잡힌 성격으로 개선될 것으로 생각된다.

주위의 눈을 신경 쓰지 않고 자신이 생각한 것을 꿋꿋하게 하다 보면 장점이 더욱 더 빛을 발할 것이다. 자기 신뢰의 힘이 녹색을 좋아하는 사람의 강점을 한층 더 돋보이게 한다.

청록

청록색을 좋아하는 사람의 성격 ①

쿨하고 세련된 삶을 지향한다

청록은 어떤 색?

청록색은 바다의 색이다. 바다는 태양 빛을 받아 아름다운 파란색에서 청록의 색을 만든다. 오션 그린(ocean green), 시 그린(sea green), 트리톤 그린(triton green)과 같이 바다의 색깔에서 이름 붙여진 다양한 청록 계열의 색이 있다. 보석 터키석의 색도 청록색 계열이다. 희망, 젊음을 상징하는 색이며 고귀한 색, 신성한 색으로 많은 문명에서 많은 사람들이 추구해온 색이다.

성격

청록색을 좋아하는 사람은 세련되며 패션 감각이 뛰어나고 감성이 풍부하다. 그러다 보니 남과 같은 것을 좋아하지 않는다. 쿨하고 희로애락의 감정이나 본심을 겉으로 드러내지 않는다. 마음속에는 색의 요정 '세련된 돌고래'가 있다. 예쁜 것을 좋아하고 세련된 아름다운 존재이다.

소극적인 성격 탓에 자신의 의견을 주장하는 것에 적극적이지 않지만 바다처럼 맑은 마음속에는 남들과 다른 것을 하고 싶어 하는 강한 의지가 숨어 있다.

인간관계

수족관에서도 단연 최고의 인기를 누리는 돌고래처럼 많은 사람들이 인정하는 존재이다. 그러나 까다로운 부분이 있어 사귀는 게 힘들다고 생각할 수도 있다. 자기도 모르는 사이에 다른 사람에게 상처를 줄 수도 있다. 쿨하거나 또는 쿨한 척 하는 사람이기 때문에 다른 사람들로부터 오해를 받을 수도 있다. 섬세해서 쉽게 상처받는다.

청록색을 좋아하는 사람의 성격 분석 ❶

한 가지 유형이다

세련된 돌고래
쿨하고 아름다우며
자유롭다

○기본 성격
- 패션 감각이 세련되고 뛰어난 감성의 소유자.
- 매사에 소극적이고 조심스럽다.
- 자기 의견을 주장하지 않지만 남과 다른 것을 하고 싶어 한다.

○인간관계
- 인간관계도 원활하다.
- 사귀는 것이 힘들다는 말을 종종 듣는다.

청록색을 좋아하는 사람의 성격 ②

인간관계는 쿨하게, 일은 멋지게!

연애

청록색을 좋아하는 사람은 쿨하고 그럴싸한 연애를 꿈꾼다. 멋진 상황 연출에 집착한 나머지 분석하면서 연애를 이어간다. 자칫 형식에 구애받을 수 있으므로 솔직한 마음으로 좋아하는 사람을 마주대하는 것이 좋다. 상대와 자신의 감정을 소중히 여기는 것이 충실한 연애에 성공할 수 있는 요령이다. 마음속에 깃들어 있는 섬세한 감정을 소중히 여기기 바란다. 궁합이 잘 맞는 사람은 주황색과 노란색을 좋아하는 타입. 사람을 모여들게 하는 타입과 잘 맞는다.

건강

극단적인 성향을 보여서 많은 시간을 실내에서 보내다 보니 운동 부족인 사람과 산이나 바다 등 적극적으로 신체 활동을 하는 사람으로 나뉜다. 전자는 운동 장비나 의상을 구입하는 것부터 시작하면 운동 습관을 들일 수 있을 것이다. 마음에 드는 운동화, 의류 등을 구입하면 운동하고 싶은 욕구가 높아진다. 후자는 자기 관리를 잘 할 수 있는 유형의 사람이다. 기본적으로 위험한 요소는 없지만 외형을 고집하다 보면 실패를 하거나 부상을 입을 수 있으니 무리하지 않도록 조심해야 한다.

일

멋스러운 사람이 많고 디자인이나 패션 관련 일이 어울린다. 사람을 대하는 일보다는 만드는 일이나 연출하는 일이 더 적합하다.

예술 관련 일도 잘 맞는다. 패션 관계자, 미술 관계자, 잡화, 작가, 보석, 미용 관련 일도 어울린다.

청록색을 좋아하는 사람의 성격 분석 ❷

○연애
- 멋진 연애를 꿈꾼다.
- 타산적일 때도 있다.
- 감정을 소중하게 여기면 원만한 연애를 성취할 수 있다.

○일
- 만드는 일이나 연출하는 일이 적합하다.
- 잡화, 패션, 미술, 미용 관련 일이 어울린다.

○건강
- 활동적이거나 아니면 운동 부족이거나 극단적인 성향을 보인다.

강점과 약점

청록색을 좋아하는 사람의 강점은 감성이 풍부하고 쿨하다는 점이다. 세련된 삶을 목표로 하고, 일도 사생활도 충실하게 꾸려 갈 수 있다. 약점은 다른 사람들로부터 오해를 사기 쉽고 이해받지 못한다는 점이다.

자신이 생각한 것, 느낀 것을 자유롭게 표현하고 표정을 풍부하게 함으로써 친근감을 줄 수 있다. 재능 있는 사람이므로 동료의 협력을 얻을 수 있다면 인생은 더 풍요로워질 것이다.

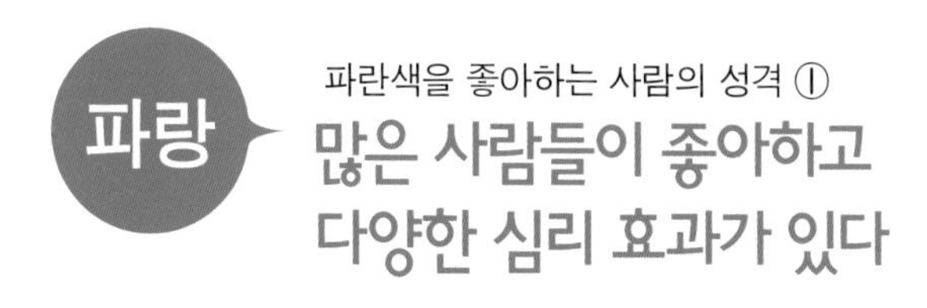

파랑

파란색을 좋아하는 사람의 성격 ①

많은 사람들이 좋아하고 다양한 심리 효과가 있다

파랑은 어떤 색?

고대 이집트인은 생명의 색으로 여기며 파란색을 좋아했고 기독교에서는 마리아를 상징하는 색으로 희망을 나타내고, 스페인에서는 명문(名門)을 블루 블러드(blue blood)라고 부르기도 한다.

대기업에서는 전략적으로 파란색을 기업 컬러로 내세우는 등 오랜 역사 속에서 만인에게 사랑받아 왔다. 반면 일부에서는 '미숙', '우울'과 같은 부정적인 이미지를 상징하는 색으로 사용되기도 한다. 파란색은 다양한 심리적 효과가 있어 몸과 마음에 영향을 미친다. 파란색을 보면 혈압이 내려가고 호흡이 안정되는 것으로 알려져 있다. 마음을 진정시키는 진정 효과가 있고, 침구나 침실 벽에 사용하면 수면을 유도하는 효과도 있다. 낮은 명도, 낮은 채도의 파란색을 사용하면 실제 위치보다 멀리(후퇴색), 실제 크기보다 작게(수축색) 느껴지는 등 위치 감각과 크기의 감각을 왜곡시켜 버린다.

최근에는 스포츠 분야에서도 파란색이 존재감을 드러내고 있는데, 탁구대나 육상 트랙 등에도 사용되고 있다. 높은 채도의 선명한 파란색은 시선이 흔들리고 않고 집중할 수 있어 좋은 기록을 내는 데 도움이 된다고 한다.

정치에서도 파란색이 색다르게 사용되는 경우가 있다. 일본 국회에서는 투표 시에 찬성은 흰색 표, 반대는 파란색 표를 사용한다.

이것은 프랑스 의회의 투표를 모방한 것이라고 알려져 있지만, 심리적으로는 흰색도 파란색도 찬성이기 때문에 과거에는 찬성을 생각하고 있는 의원이 무의식적으로 파란색 표를 집어 들었다는 이야기도 있다.

파란색의 이미지

파란색은 전 세계인이 선호하는 색이자 집중력을 높이는 색이기도 하지.

우리 몸에도 영향을 준다

파란색을 보면 혈압이 내려가고 호흡이 안정된다.

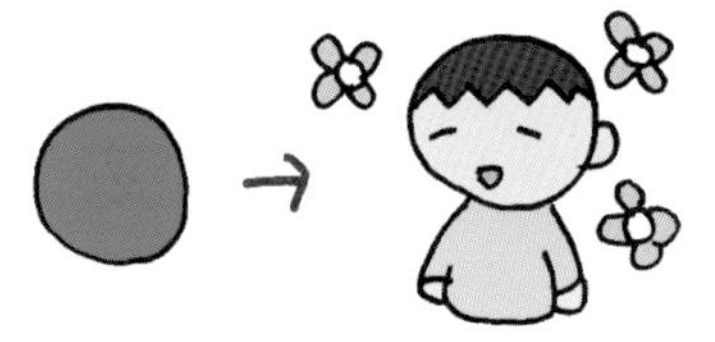

파란색을 침구에 사용하면 숙면을 유도한다.

파란색 자동차는 실제 위치보다도 멀리 보여서 위험하다고!?

파란색을 좋아하는 사람의 성격 ②

성격이 유순하고 협동성이 뛰어나 누구와도 잘 어울린다

성격

신중하고 성실한 것이 가장 큰 장점이다. 규율을 잘 지키고 예의 바르며 겸손하다. 충동적으로 행동하기보다 계획적으로 행동하며 성실하게 일을 제대로 해낸다.

파란색을 좋아하는 사람에는 두 가지 유형이 있다.

울트라 마린처럼 깊고 선명한 파란색을 좋아하는 사람의 마음속에는 색의 요정 '순종적인 시바견'이 있다. 그룹의 조화와 협력을 소중히 여기고 조율하여 싸우는 것을 싫어한다. 지위가 높은 사람 앞에서는 위축되어 자신의 의견을 쉽게 주장하지 못하는 일면도 있다. 다소 보수적인 면이 있어 모든 일에 지나치게 차분하게 대처한다.

한편, 파란색 중에서도 좀 더 선명한 청록색과 같은 파란색을 좋아하는 사람의 마음속에는 색의 요정 '용감한 치와와'가 있다. 자신을 표현하는 것이 능숙하고 자립심이 강하며 부드럽고 깊은 애정을 갖고 있다. 외형은 작고 귀여운 치와와 같지만 협조성을 소중히 여기면서, 때로는 확실하게 자신의 주장을 말할 수 있는 사람이다. 파란색을 좋아하는 사람 중에서도 매사 적극적으로 임한다.

인간관계

협조성이 있고 온순한 성격이라서 사람들과 언쟁하는 것을 싫어한다. 자신의 의견보다 다른 사람의 의견을 우선하는 경향이 있다. 자신의 의견을 주장하지 않는 사람도 많이 있어 주위로부터 믿음직스럽지 못하거나 무책임하게 보일 수도 있다. 다른 한편으로 끈기 있고 성실하게 일을 하는 타입이므로 주위 사람으로부터 평가가 높고 아군도 많다.

파란색을 좋아하는 사람의 성격 분석 ❶

두 가지 유형이 있다

깊고 맑은 파란색을
좋아하는 유형

순종적인 시바견
조화와 협조성을 소중히
여긴다

○ 기본 성격
- 조화와 협조를 소중히 여긴다.
- 보수적인 면이 있다.
- 충동적으로 행동하지 않는다.

○ 인간관계
- 자신의 의견보다 다른 사람의 의견을 존중한다.

선명한 파란색을
좋아하는 유형

용감한 치와와
협조성이 있으면서도
자신을 내세운다

○ 기본 성격
- 협조성을 소중하게 여기면서 자신의 의견도 말한다.
- 애정이 깊다.

○ 인간관계
- 언쟁을 싫어한다.
- 교제가 조금 서툴다.

파란색을 좋아하는 사람의 성격 ③

'잘 하는 것'이 무엇보다 중요

연애

연애에서는 적극적으로 나서는 유형은 아닌 것 같다. 그냥 좋은 기회가 있으면 관계를 가까이 하고 싶어 하는 사람도 적지 않다.

조화를 중시하지만 마음속의 성적 충동을 숨기지 못한다.

연애도 진지하게 생각하지만 불륜과 유흥을 하지 않는 것은 아니다.

불륜을 저지를 때는 자신을 정당화하는 이유를 자기 안에서 찾기도 한다. 파란색을 좋아하는 사람에게는 규칙이 필요하지만, 그 규칙이 올바를 필요는 없다고 생각하는 경향이 있다. 직선적인 연애를 추구하는 빨간색을 좋아하는 사람, 흰색을 좋아하는 사람과 궁합이 잘 맞는다.

건강

인내력이 있고 정신적으로 강하기 때문에 스트레스 내성이 강하다고 할 수 있다. 그러나 쉽게 기분이 가라앉는 기질이다 보니 기본적으로 남의 시선을 신경을 쓰기 때문에 마음고생은 늘 따라다닌다. 위장 등의 순환기 계통 질병에 주의하기 바란다.

운동 부족이 될 수도 있으므로 평소 걷는 것을 생활화하는 등의 습관을 갖도록 신경 써야 한다.

일

파란색은 직감력과 결단력, 탐구심을 자극하는 색이다. 맡은 일에 성실하게 임하는 사람이 많다. 지적이고 현명하며 신중한 성격이므로 사무직, 연구원, 공무원 등의 직업이 적합하다. 감성을 살릴 수 있는 예술적인 일에 어울리는 사람도 있다.

파란색을 좋아하는 사람의 성격 분석 ❷

○애정
- 애정을 소중히 여기지만 적극적으로 나서지는 않는다.
- 정도를 벗어난 사랑에는 그럴싸한 이유와 규칙을 대며 정당화한다.

○일
- 매사에 성실하게 임한다.
- 지적이고 현명한 조정자 기질이 있다.
- 사무직, 연구원, 공무원 등

○건강
- 스트레스 내성이 있다.
- 마음고생이 끊이지 않는다.
- 위장 등 순환기 계통 질병에 주의해야 한다.

강점과 약점

누구와도 잘 어울릴 수 있고 어울리는 자질을 갖고 있는 것이 파란색을 좋아하는 사람의 강점이다. 싸움을 좋아하지 않고 '잘 하는' 것을 중요하게 여긴다.

약점은 자신의 의지와 주장이 약하다는 점이다. 파란색 중에서도 용감한 치와와 유형은 자신을 표현할 수 있지만 순종적인 시바견 유형은 자신을 잘 드러내지 않는 성향이 있다. 온화한 성격 때문에 다른 사람의 의견에 쉽게 휩쓸리고 끝까지 참는다.

자신의 의견을 제대로 내세우면서 상대의 의견도 존중할 수 있다면 상대방도 자신도 소중히 여길 수 있을 것이다.

담청색을 좋아하는 사람의 성격 ①

창작과 표현하는 것을 좋아한다

담청은 어떤 색?

불순물이 섞여 있지 않은 담청색은 투명하지만 강이나 연못의 물은 파란색으로 보일 수 있다. 연한 파란색을 담청색으로 연상하는 것은 전 세계 공통이다. 엄밀하게는 하늘의 색을 나타내는 하늘색(스카이 블루)보다 명도가 높고(밝고) 다소 청록색에 가까운 색이다. 연한 파란색 전체를 담청색으로 부르는 것이 일반적이다.

성격

담청색을 좋아하는 사람은 감성이 풍부하고 자신의 감정을 자유롭게 표현한다. 마음속에는 색의 요정 '창작하는 해달'이 살고 있다. 다양한 도구를 사용하여 창의적인 일을 하고 표현하는 능력이 뛰어나다. 감성이 풍부하지만 감각파는 아니며 여러 가지를 흡수하고 논리적으로 분석하여 새로운 것을 만들어낼 수 있다. 자유롭게 마음을 해방시키고 싶어 하기 때문에 자립심이 높은 사람이나 드물게 숨겨진 급한 성격을 드러내는 사람이 있다.

인간관계

여러 가지 유형의 사람과 친밀하게 지낸다. 사람들과 적당한 거리감을 유지하면서 상대를 다치지 않게 하고 자신도 다치지 않도록 방어한다. 머리가 좋은 사람이므로 쓸데없는 다툼을 피하고 원만한 인간관계를 구축할 수 있다. 다만 적극적으로 나서서 남들과 사이좋게 지내려고 하는 유형은 아니다.

담청색을 좋아하는 사람의 성격 분석 ❶

한 가지 유형이다

창작하는 해달

창작과 표현하는 것을 좋아하고 마음을 해방하고 싶어 한다

○ 기본 성격

- 창의적인 것을 매우 좋아한다.
- 다양한 것을 흡수하고 분석하여 논리적으로 만들어낸다.
- 숨겨진 급한 성격의 사람이 있다.

○ 인간관계

- 무익한 싸움은 피한다.
- 적극적으로 나서서 행동하지는 않는다.

담청

담청색을 좋아하는 사람의 성격 ②

재능 있는 사람, 감성이 풍부한 사람에게 끌린다

연애

상대에게 자신에게는 없는 재능과 감성이 있으면 무의식적으로 그것에 매료된다. 자신의 능력과 환경을 한 단계 끌어올려 주는 상대를 좋아한다. 담청색은 미래를 향해 나아가는 색이기도 한다. 미래의 모습을 그릴 수 있느냐 그렇지 않느냐가 중요하고, 그것을 할 수 없는 상대에게 마음을 쉽게 열지 않는다. 나의 꿈을 소중히 여겨주는 사람, 그리고 본인의 꿈도 소중히 하는 사람과 마음이 잘 맞는다. 하늘색, 파란색, 분홍색, 연보라색, 흰색 등 전반적으로 같은 계열의 색이나 연한 색을 좋아하는 사람과 궁합이 잘 맞는다.

건강

담청색을 좋아하는 사람에게 특히 중요한 것은 수면 시간이지만, 질 좋은 잠을 자지 못하는 사람도 많다. 담청색은 부드러운 수면을 유발하는 색이기도 하지만, 담청색을 추구하는 것 자체가 숙면을 취하지 못한다는 증거라고도 볼 수 있다. 또한 창조적인 일을 하는 사람의 대부분은 늦은 밤까지 일을 하는 경향이 있다. 몸이 예전 같지 않다고 느낀다면 충분히 수면을 취해서 몸의 균형을 유지해야 한다.

일

음악, 문학, 회화 등에 자극을 받기 쉽고 자신의 표현력을 소중히 여긴다. 새로운 것을 만들어내는 능력이 뛰어나고 창조력, 기획력이 우수하다. 직종으로는 플래너, 기획, 영업 기획, 디자이너 등이 적합하다. 분석능력도 높기 때문에 마케팅 업무나 연구원도 잘 맞는다.

담청색을 좋아하는 사람의 성격 분석 ❷

○ 연애
- 상대의 재능에 쉽게 빠져든다.
- 미래가 있는 상대를 좋아한다.
- 꿈을 소중히 하는 사람을 좋아한다.

○ 일
- 새로운 것을 만들어내는 일이 적합하다.
- 플래너, 기획자, 연구원 등

○ 건강
- 수면 부족에 주의할 것
- 컨디션이 좋지 않을 때는 숙면을 취하자.

또한 업계나 회사 전반의 돌아가는 상황을 정확히 분석할 수 있기 때문에 회사 경영에 재능을 발휘할 것이다.

강점과 약점

자유롭게 자신을 표현하고 싶어 하고 또 도구를 이용하여 그것을 표현할 수 있는 유형이다. SNS로 자신의 의견을 제시하고 '좋아요'를 받으면 강한 기쁨을 느낀다. 자신을 자유롭게 표현할 수 있는 것이 강점이다. 속박되거나 자유를 빼앗겨 능력을 발휘할 수 없게 되면 짜증낼 수도 있다. 짜증을 누그러뜨리는 방법을 찾기보다는 짜증도 새로운 것을 만들어내는 원동력으로 삼아 자유롭게 표현할 수 있는 것이 담청색을 좋아하는 사람의 매력일지도 모른다.

감색을 좋아하는 사람의 성격 ①

뛰어난 판단력과 지혜를 가진 현명한 사람

감색은 어떤 색?

쪽빛 염색이라는 염색 방법이 있다.

쪽이라는 식물의 잎을 이용하여 면이나 실크, 마 등을 감색으로 염색한다. 일본에서는 에도 시대 8대 쇼군 요시무네의 검약령에 따라서 서민은 갈색, 회색, 감색 옷밖에 입을 수 없어 다채로운 감색이 생겨났다. 염색의 농도에 따라 (흰색에 가까운)매우 연한 남색, 옥색, 회색을 띤 남색, 엷은 남색, 진한 감색, 감색, 갈색(승색)이 있다. 이들 남색 중에서 진한 남색의 감(紺)이 일반적인 감색으로 사용되게 됐다.

성격

성격적으로는 안정적인 사람 또는 안정적이고 싶어 하는 사람도 감색을 좋아한다. 감색을 좋아하는 사람은 뛰어난 판단력과 지혜를 가진 경향이 있다. 마음속에는 색의 요정 '현자의 올빼미'가 있다. 올빼미처럼 나무 위에 가만히 앉아서 찬찬히 많은 사람들을 따뜻하게 지켜보는 유형이다. 지식과 권위를 좋아하는 성향이 있고 책임을 지는 일에 보람을 느낀다.

인간관계

무심결에 잘난 체 행동하는 경우가 있다. 정작 본인은 그 사실을 자각하지 못해 뒤에서 욕을 먹을 수도 있다. 평소 성실한 사람이 조금이라도 나쁜 짓을 하면 상대적으로 실제보다 더 나쁘게 인식되기 십상이다. 미소와 상냥한 말투로 편안한 분위기를 만들면 좋을 것이다.

감색을 좋아하는 사람의 성격 분석 ❶

한 가지 유형이다

현자의 올빼미
뛰어난 판단력과 지혜를 가졌고
현명하다

○ 기본 성격
- 성격적으로 안정감이 있다.
- 뛰어난 판단력과 지혜를 가졌다.
- 권위적이다.

○ 인간관계
- 무심결에 잘난 척 한다.
- 억지로라도 미소를 지으면 좋다.

감색을 좋아하는 사람의 성격 ②

결단력이 있는 책임자 타입

연애

연애를 할 때는 상대와 거리를 좁히는 방법을 놓고 고민하는 유형이다. 지나치게 신경을 쓴 나머지 연애하는 것에 피곤을 느끼거나, 여러 가지로 생각하는 사이에 뭐가 뭔지 알 수 없게 돼 힘들어 한다. 어렵게 생각하지 말고 자연스럽게 다가가서 친밀감을 쌓고 이야기를 나누며 즐거운 시간을 공유하는 것을 목표로 하면 좋을 것이다.

남성이라면 흥겨운 나머지 도가 지나치지 않도록 주의해야 한다. 평소 성실한 사람일수록 돌이킬 수 없는 사태에 빠질 가능성도 있다.

건강

성실한 사람일수록 정신적인 스트레스에 쉽게 노출되고 고민도 혼자서 해결하려는 성향이 강하다. 친구나 지인에게 고민을 상담하는 과정에서 정신적 스트레스는 경감된다. 어쩌면 운동 부족은 아닐까? 감색을 좋아하는 사람은 실내에서 보내는 시간이 많을 것이다. 가끔은 밝은 색 옷을 입고 조깅이나 산책을 하러 밖으로 나갈 것을 추천한다.

일

책임을 지는 입장에서 의사 결정을 하는 일이 어울린다. 부문 책임자, 영업 책임자 등 경영에 종사하는 일이나 드물게는 판사 등의 업무에도 적합하다. 판단력이 뛰어나 사람을 지도하는 능력도 높기 때문에 교사나 강사 등의 직업과도 잘 맞는다.

감색을 좋아하는 사람의 성격 분석 ❷

○ 애정

- 상대와 거리를 두는 것에 서툴다.
- 자연스런 형태로 진행하는 것이 좋다.

○ 일

- 책임지는 일에 보람을 느낀다.
- 영업 책임자, 부분 책임자, 교사, 강사 등도 어울린다.

○ 건강

- 스트레스를 쌓아두는 경향이 있다.
- 운동 부족일 수 있으니 적당한 운동을 명심해야 한다.

강점과 약점

강점은 뛰어난 판단력과 지혜를 갖고 있는 점이다. 사람은 기본적으로 어떤 경우에든 자신이 결정해야 하는 것에 거부감을 갖고 있지만, 감색을 좋아하는 사람은 결단력도 있다.

한편, 자신이 올바르다고 생각하는 의견이나 논리를 밀어붙이는 경우가 있다. 표현이 강하다 보니 오해를 사기 쉬운 것은 약점이라고 할 수 있다. 속내를 별로 표출하지 않기 때문에 무슨 생각을 하고 있는지 알 수 없을 때도 있다. 뛰어난 지혜와 판단력을 가지고 있지만, 그로 인해 사람들로부터 거만하다는 오해를 받는 것은 유감이다. 신경이 쓰이는 사람을 상대할 때는 의식적으로라도 상대방을 존중하는 화법을 사용하려고 노력해야 할 것이다.

보라색을 좋아하는 사람의 성격 ①

역사적으로 특별한 의미가 있는 불가사의한 색

보라는 어떤 색?

보라색은 고대 로마를 비롯해 중국, 일본에서도 귀중한 색으로 여기며, 지위가 높은 사람만 사용이 허용된 색이었다. 전 세계에서 고귀한 것이나 위엄 있는 것을 상징하는 색으로 보라색이 활용되고 있다.

그러나 잘못 사용하면 품위 없어 보이는 색이라는 점도 흥미롭다.

보라색은 신비한 색이기도 하다. 로마 교황청 추기경의 의상이나 중국 승려의 보라색 의상으로 대표되는 것처럼 종교, 하나님, 부처님을 연상시키는 색이다. 한편, 일본에서는 나이 든 사람이 머리를 보라색으로 염색하는 경우도 있어 묘하게 친근한 분위기도 있다.

이처럼 보라색은 극단적인 양면성이 있다. 따라서 호감도가 높은 색인 동시에 보라색을 싫어하는 사람도 많다. 보라색은 피로를 완화시키고 진정시키는 심리적 효과가 있다. 파란색과 마찬가지로 수면이나 명상을 유도하는 색으로도 알려져 있다. 반면 식욕을 감퇴시키는 색이므로 주방에서는 가급적 사용하지 않는 게 좋다. 한편, 보라색 옷을 입으면 감각이 예리해진다고도 한다.

보라색은 매우 귀중한 색상이며 묘한 매력이 있는 색이지만, 사실 세계에서 처음 합성으로 만든 인공 염료의 색도 보라색이다. 19세기에 태어난 그 색상은 모브라고 불렸고 빅토리아 여왕도 모브로 염색한 옷을 입은 것으로 알려져 있다. 극히 일부의 사람밖에 사용할 수 없었던 보라색은 그때부터 일반인에게도 널리 보급됐다.

보라색의 이미지

보라색은 고귀한 것이나 신비한 것을 연상시키는 색이야.

보라색의 효과

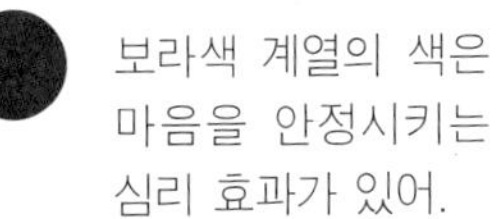

보라색 계열의 색은 마음을 안정시키는 심리 효과가 있어.

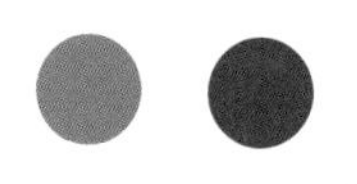

식욕을 억제하는 효과도 있지.

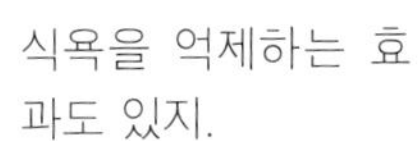

보라색을 좋아하는 사람의 성격 ②

냉정과 정열 사이의 예술가 유형

성격

보라색은 불가사의한 색으로 이성과 지성, 조화를 나타내는 파랑과 행동, 정열을 나타내는 빨강을 섞어 만드는 색이다. 그래서인지 보라색을 좋아하는 사람의 성격도 복잡하고 묘한 매력이 있다. 마음속에는 색의 요정 '예술적인 코알라'가 있다. 남과 같은 것을 좋아하지 않고 잡다한 일에 얽매이는 것을 거부하며 감각적으로 살아간다.

온화해 보여도 사실은 사나운 코알라와 많이 닮아 있다.

보라색을 좋아하는 사람은 보라와 관련된 색(자주색, 붉은자줏빛, 연보랏빛 등)과 마찬가지로 예술가들이 선호하는 색이기도 한다. 풍부한 감성을 지닌 예술가 성향이 강하다. 또한 신비한 것에 마음이 끌리는 사람도 보라색을 선호한다. 보라색이 감각을 일깨워준다고 느끼기 때문이다. 개중에는 본인이 신비하게 보이고 싶거나 고귀하게 보이고 싶은 마음에 의도적으로 보라색을 좋아하는 사람도 있다. 이런 유형의 사람은 거드름을 피우기도 한다.

인간관계

쉽사리 이해할 수 없는 유형이기 때문에 인간관계에서 어려움을 겪는다. 보라색을 좋아하는 사람의 행동은 다른 사람이 보면 변덕쟁이로 보이는 경우가 있기 때문이다.

냉정하게 말하는가 싶더니 순간 대담한 행동을 하거나, 가만히 있다가 갑자기 뜬금없는 이야기를 꺼내는 경향도 있다.

자신이 사람들에게 어떻게 비치는지를 의식하는 사람도 있지만 기본적으로는 다른 사람과 어울리는 것을 좋아하지 않는다.

보라색을 좋아하는 사람의 성격 분석 ①

한 가지 유형이다

예술적인 코알라

파란색의 정(靜)과 빨간색의
동(動)을 겸비했다

○ 기본 성격

- 사람들과 어울려 같은 일을 하는 것이 서툴다.
- 감각적인 삶을 추구한다.
- 냉정한 면과 정열적인 면 모두를 갖고 있다.

○ 인간관계

- 좀처럼 다른 사람들로부터 이해받지 못한다.
- 사람들과 어울리는 것이 서툴다.

보라색을 좋아하는 사람의 성격 ③

연애도 일도 명쾌한 감각으로

연애

연애를 할 때도 감각적으로 움직이지만 모든 것이 잘될 수는 없다. 순수하게 보라색에 매료된 사람은 세련된 삶을 추구하며 사람들과 긴밀한 관계를 가져야 하는 상황을 회피하는 성향이 있다. 또한 보라색의 신비로움을 동경하는 사람은 자신 주위에 사람이 모이지 않기 때문에 보라색을 동경하는 면도 있다.

어느 쪽이 됐건 연애와는 조금 거리가 있는 성격의 소유자도 적지 않다. 좋은 이해자라는 점에서 연보라빛, 붉은자줏빛 등의 색을 좋아하는 사람과 궁합이 좋지만 같은 성향의 사람과는 친해지기 쉽지 않다. 오히려 노란색을 좋아하는 사람의 눈부심이 좋은 자극이 될 가능성이 높다고 할 수 있다.

건강

보라색을 좋아하는 사람과 같이 감각적인 유형의 사람은 다른 사람의 건강 상태는 알아도 자신의 건강 상태에 둔감하다.

정기적으로 건강 진단을 받는 등 평소에 꼼꼼하게 체크해야 한다.

일

예술이나 문화 관련 분야, 구체적으로는 아티스트, 사진작가, 음악가, 다도가, 서예가 등의 일이 적합하다.

또한 신비로운 분위기를 자아내는 직감이 필요한 일도 좋다. 점쟁이나 영적 관련 일도 잘 맞을 수 있다. 작업을 수행한 대가로 수익을 얻는 것보다는 자신의 존재 자체로 수입을 얻는 것이 좋다고 느끼는 성향이 있다.

보라를 좋아하는 사람의 성격 분석 ②

○ 연애

- 사랑에 적극적이다.
- 시간을 들여 상대방으로부터 인간성이나 개성을 이해받으면 좋은 관계가 될 수 있다.

○ 일

- 예술이나 문화 관련 일에 적합하다.
- 자신의 개성을 살릴 수 있는 일이 무엇인가를 기준으로 일을 선정하면 좋다.

○ 건강

- 자신의 건강에 무관심한 경향이 있다.
- 세심하게 건강을 체크하는 것이 좋다.

강점과 약점

보라색을 좋아하는 사람의 강점은 직감력과 예리한 감각이 강점이다.

한편, 사람들로부터 쉽게 이해받지 못하는 것은 약점이라고 할 수 있겠지만, 오히려 보라색을 좋아하는 사람의 개성이기도 한다. 남에게 폐를 끼치지 않는 범위에서 자유롭게 자신의 감각을 펼쳐 보이는 것이 좋다. 남과 다른 점을 고치려고 하기보다는 남과 다른 점을 차별화하는 것이 오히려 매력적인 사람으로 받아들여질 것이다.

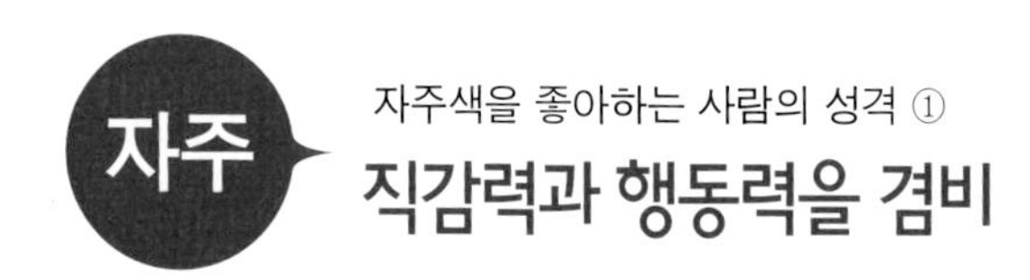

자주색을 좋아하는 사람의 성격 ①

직감력과 행동력을 겸비

자주는 어떤 색?

14세기 이탈리아를 중심으로 부흥했던 르네상스 시대에 장식적인 복식 문화가 확산되었는데, 그중에서도 자주색은 대표적인 유행 색의 하나였다. 역사적으로도 중후함과 세련미를 가진 화려한 색으로 여겼고 19세기 영국 빅토리아 왕조 시대에도 유행한 색상이었다. 색의 삼원색 중 하나로 '마젠타'라고도 불린다.

성격

자주색을 좋아하는 사람은 보라색의 직관적인 성향과 빨간색의 행동적인 성향을 겸비하고 있다. 보라색을 좋아하는 사람은 다른 사람들과 거리를 두고 자신의 개성을 내세우려는 반면 자주색을 좋아하는 사람은 밖으로 나가 세련된 자신을 평가받고 싶은 욕망을 갖고 있다. 마음속에는 색의 요정 '직감력과 행동력의 날쥐'가 있다. 경계심이 강하며 직관적이고 사교적이다. 자주색을 좋아하는 사람 중에는 자신의 가치를 본인 스스로 인정하는 자존감이 높은 사람도 있고, 그 경우는 자신을 잘 보이려고 무리를 하거나 다른 사람을 비판하기도 한다.

인간관계

보라색을 좋아하는 사람보다 남과 잘 어울릴 줄 안다. 그러나 특유의 개성이 강하게 표출되면 주위로부터 교제하기 힘든 사람으로 여겨질지 모른다. 자신의 높은 이상을 남들에게 강요하지 않도록 주의해야 한다.

자주색을 좋아하는 사람의 성격 분석 ❶

한 가지 유형이다

직감력과 행동력의 날쥐

직감력과 행동력을 겸비했지만
무리하게 날뛴다

○ **기본 성격**

- 직감력과 행동력을 겸비하고 있다.
- 자신을 잘 보이려고 무리하기도 한다.
- 감정적인 성향도 있다.

○ **인간관계**

- 이상이 높다.
- 남과 사귀는 것에 능숙하다.

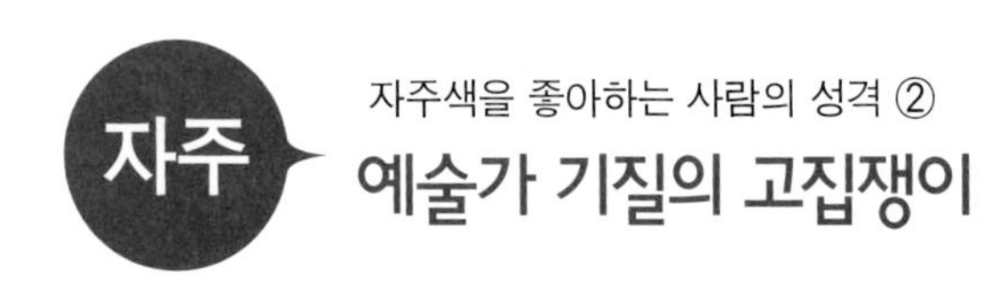

연애

연애에 대한 이상이 높고 상대에게도 집착하는 성향이 있다. 지나치게 고집 부리다 보면 기회를 놓칠 가능성도 있다. 상대를 용서하는 마음으로 좋은 점을 보려고 노력하면 연애를 성취하는 데 도움이 된다. 자신의 이상과 같은 수준의 것을 상대방에게 요구하지 않도록 주의하되 상대의 개성도 존중해야 한다. 보라색 계열 색상과는 감성이 부딪칠 위험성도 있다. 상대의 색을 돋보이게 하는 무채색인 흰색과 검정색을 좋아하는 사람과 궁합이 잘 맞는다.

건강

무의식적으로 다른 사람과 비교하는 탓에 스트레스가 쌓일 위험이 있다. 자주색을 좋아하는 사람은 스트레스를 해소하거나 회피하는 데 능숙하지 않다. 평소 정신적인 스트레스를 쌓아두지만 말고 표출하는 게 좋다. 건강을 위해서는 매사를 긍정적으로 받아들이고 비판하는 습관을 고치는 것이 좋다.

일

아티스트, 사진작가, 음악가, 플로리스트 등 예술이나 문화 관련 분야의 일이 잘 맞는다. 평론가, 비평가, 이벤트나 캠페인 등을 기획하는 일도 어울리지만, 어지간한 일에는 타협하지 않은 성격의 소유자도 있다.

자주색을 좋아하는 사람의 성격 분석 ②

○ 연애
- 이상이 높고 고집이 강하다.
- 감성으로 상대와 부딪치는 일도 있다.

○ 일
- 예술 분야의 일이 어울린다.
- 아티스트, 사진작가, 음악가, 평론가, 이벤트 기획 등

○ 건강
- 쉽게 스트레스를 받는다.
- 건강을 위해서라도 비판적인 태도는 지양하는 것이 중요하다.

강점과 약점

자주색을 좋아하는 사람의 강점은 감각이 뛰어나고 실행으로 옮기는 행동력이다. 문화와 예술을 깊이 이해하는 감성도 풍부하다.

약점은 높은 이상을 추구하지만 타협하지 못하고 지나치게 고집을 부리거나 도중에 식어서 중단하는 점일지 모르겠다.

또한 자신에 대한 자신감이 없는 일면도 있다. 자신의 가치를 제대로 인정하자. 감성이 풍부하고 멋진 자신을 좋아하기 바란다.

연보라색을 좋아하는 사람의 성격 ①

감성이 풍부하고 창의적이며 섬세하다

연보라는 어떤 색?

각지에 자생하며 예로부터 사랑받고 있는 등나무꽃에서 유래한 색이다. 많은 시인이 사랑한 우아한 색이기도 하다. 연한 청자색(青紫色)를 가리키는 라벤더에 가까운 연보라색은 약간 밝지만 실제로는 연한 청자색 전체를 연보라라고 부르기도 한다. 연보라색은 여성 호르몬 분비를 촉진하는 색으로도 알려져 있으며 분홍색과 마찬가지로 여성을 보다 여성스러워 보이게 하는 색이다. 또한 창조를 상징하는 색상이며, 파란색에 가까운 연보라색은 창조적인 감성을 자극하고 연보라에 붉은 기가 더해지면 행동적인 감성을 자극한다.

성격

담청색을 좋아하는 사람의 성격과 유사하고 '표현하는' 창조적인 부분이 비슷하다. 그러나 연보라색을 좋아하는 사람은 좀 더 감각적으로 뛰어나고 감성이 풍부하다. 마음속에 있는 것은 색의 요정은 '섬세한 토끼'이다. 예술적인 것을 좋아하고 상냥하고 사랑스러운 토끼처럼 많은 사람들로부터 사랑받는다. 배려심 있고 남에게도 상냥한 성격이다.

인간관계

낯을 가리지만 사람들과 친해지는 것에는 능숙하다. 상냥한 성격 덕분에 주위 사람들로부터 사랑받는다. 다른 사람을 밀어내고 자신을 내세우지 않고 겸허하며 주위 사람들과의 조화를 소중히 여긴다. 섬세한 부분이 있기 때문에 인간관계에서 상처를 입는 일도 있을 수 있다.

연보라색을 좋아하는 사람의 성격 분석 ❶

한 가지 유형이다

섬세한 토끼

창의적이고 감성이 풍부하며
친절하다

○ 기본 성격

- 창의적이다.
- 감성이 풍부하다.
- 상냥하고 섬세하다.

○ 인간관계

- 낯을 가리지만 인간관계를 구축하는 것은 능숙하다.
- 남들과의 조화를 소중히 여긴다.

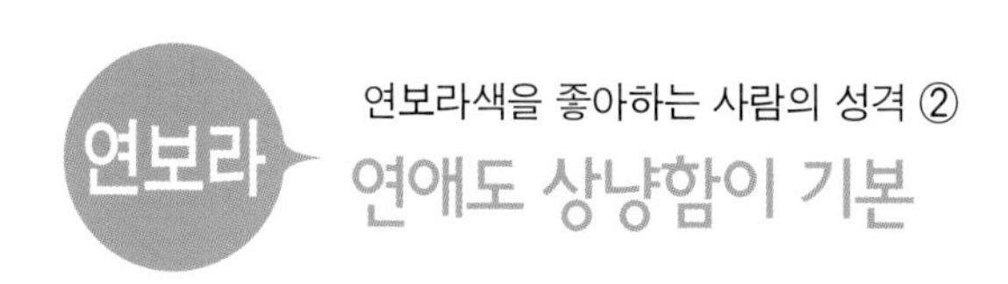

연애

연애는 연보라색을 좋아하는 사람의 가치관 중에서도 중요한 위치를 차지한다. 남녀 모두 다정한 연애를 추구하는 성향이 있다. 연보라색을 좋아하는 사람은 연애를 할 때 상대에게 무엇을 해줄 수 있을지를 생각한다. 상대에게 다정하지만 의도적으로 상대의 애정을 확인하고 싶은 속마음이 말이나 행동으로 나와 버린다.

여성의 경우 애인이 생겨 행복해지고 싶은 욕구가 강해지면 연보라색을 추구하는 경향이 있다. 연보라색을 좋아하는 남성은 여성을 즐겁게 해주기 위해 여러 가지로 궁리하며 다소 여성적인 감각도 있다.

건강

정신적으로나 육체적으로 좋지 않을 때 연보라색을 보면 더 안 좋아지거나 수용하지 못할 수도 있다. 반으로 말하면, 연보라색을 받아들일 수 있다는 것은 심신 모두 건강한 상태라고 할 수 있다. 특히 여성은 연보라색에 민감하다. 만약 연보라색이 싫어진다면 자신의 심신 상태에 귀를 기울여 보면 좋을 것이다.

일

특정 전문 분야에 강해서 자신만 갖고 무기를 내세워 업무에 활용할 수 있다. 자신의 무기가 무엇인지 알고 있는 사람은 그것을 연마하되, 퍼뜩 떠오르지 않는 사람은 자신의 무기가 무엇인지 찾아보자. 붙임성도 좋기 때문에 사람을 상대하는 일에도 적합하다. 디자이너, 미용사, 전신 미용사, 네일아티스트 등이 잘 어울린다

연보라색을 좋아하는 사람의 성격 분석 ②

○ 애정
- 부드러운 연애를 추구한다.
- 이성이 생기면 행복을 추구하고자 하는 욕구가 강해진다.

○ 일
- 특정 전문 분야에 강하다.
- 디자이너, 미용사, 전신미용사, 네일아티스트 등

○ 건강
- 건강한 생활을 보내고 있다.
- 갑자기 연보라색이 싫어졌다면 주의한다. 심신에 문제가 생긴 신호일지도 모른다.

강점과 약점

감성이 풍부하고 창의적이며 남에게 친절한 점이 연보라색을 좋아하는 사람의 강점이다. 분홍색을 좋아하는 사람보다 창조적이고 담청색을 좋아하는 사람보다 친화적인 성향이 있다. 약점은 친절한 성격 탓에 섬세하고 쉽게 상처받아 심리 상태가 불안정해질 수 있다. 자기만의 시간을 제대로 만들어 재정비하면 새로운 도전을 할 수 있을 것이다.

흰색을 좋아하는 사람의 성격 ①

전 세계에서 숭고한 색으로 사용되는 색

하양은 어떤 색?

흰색은 모든 빛을 반사하며, 아무런 색도 없는 무채색이다.

무채색 중에서 가장 밝기 때문에 숭고, 순결, 단순함, 순수함, 깨끗함 등의 느낌을 준다. 흰옷을 즐겨 입었던 우리나라 사람들을 백의민족이라 불렀다.

백(白)은 '밝다'를 의미하고, '밝'은 그 고의(古義)에는 신(神)/천(天) 등이 있고, 신이나 천은 그대로 태양을 의미하는 것이었다. 우리 민족은 부여 및 고구려, 신라. 고려, 조선의 모든 시대에 걸쳐 흰옷을 신성하게 알고 즐겨 입었다. 순수와 평화를 추구한 민족이기 때문이다. 이러한 습속은 태양 숭배사상에 연원한다. 또한 흰색은 청결, 위생, 정직, 고독, 공허 등의 의미도 내포하고 있다. 심리적으로는 감정이나 사고를 정화해 주는 역할을 하며, 해방감을 준다*.

흰색에는 순수, 무구, 청결과 같은 청순하고 맑은 이미지와 동시에 차가움, 이별과 같은 슬프고 부정적인 이미지도 있다. 웨딩드레스의 흰색은 처녀, 순결을 상징한다.

흰색은 전 세계에서 숭고한 색으로 여기며 사용되어 왔다. 백사(흰뱀), 백조, 백서(흰쥐), 백호 등 하얀색 동물은 신의 화신이나 사자(使者) 등 신성한 동물로 여겨져 왔다.

고대 이집트에서 흰색은 전능의 의미를 가지며, 천상의 사자를 나타내는 로마의 신관도 백의를 입었다. 비잔틴 양식, 로마네스크 양식에서도 신성한 색으로 받들어 왔다.

*출처 : 네이버 지식백과

흰색의 이미지

흰색은 신성한 색으로 세계에서 사용되고 있다.

흰색이 나타내는 메시지

흰색 동물은 신의 사자로서 신성함을 상징한다.

항복을 의미하는 백기는 상대국의 국기를 그려달라는 의미이다.

흰색은 젊음과 하얀피부를 가진 유명인의 상징으로 여겨진다.

흰색을 좋아하는 사람의 성격 ②

완벽한 미의식주의? 아니면 연기파?

성격

흰색을 좋아하는 사람은 완벽주의자이기 때문에 노력을 아끼지 않으며 성실하고 뛰어난 재능을 가지고 있다.

흰색을 좋아하는 사람의 마음속에는 색의 요정 '미의식이 높은 백조'가 있다. 연애를 할 때도 업무에서도 아름다운 형태와 높은 이상을 갖고 있고, 그것에 대해 금욕적으로 스스로를 다잡는 노력가이다. 그런데 그중에는 흰색을 좋아하지만 노력형이 아닌 유형도 있다. 그런 사람의 마음에는 색의 요정 '연기파 까마귀'가 살고 있다. 흰색을 동경한 나머지 의도적으로 흰색을 좋아하는 사람으로, 흰색 옷이나 흰색 소지품을 소지하면 이상적인 생활에 손쉽게 접근할 거라고 생각하는 성향이 있다. 튀고 싶어 하는 것은 아니지만 많은 사람들의 마음에 은근히 인상을 남기고 싶어 한다.

사실 흰색을 좋아하는 사람의 대부분은 연기파 까마귀 유형에 해당하며 고독을 좋아하거나 고독한 인간인 척 연기하기도 한다.

인간관계

정말로 흰색을 좋아하는 미의식이 높은 백조 유형은 본인의 이상향을 상대에게도 요구하기 때문에 부하 직원이나 후배의 입장을 난처하게 만들 수 있다. 자신은 물론 상대에게도 엄격하게 잣대를 들이대므로 쉽게 사람이 따르지 않는 유형일지도 모른다. 연기파 까마귀 유형은 진정한 이상 실현보다 이상을 목표로 하는 자신을 좋아하므로 인간관계도 남의 눈을 의식하고 의외로 잘 해 나간다. 단지 고독을 연기하는 일이 있어 인간관계는 썩 좋은 편은 아니다.

흰색을 좋아하는 사람의 성격 분석 ❶

두 가지 유형이 있다

흰색을 정말로
좋아하는 유형

미의식이 높은 백조
노력가에 완벽주의자이고
재능이 있다

흰색을
동경하는 유형

연기파 까마귀
흰색을 동경하여 흰색의
효과에 기대고 싶어 한다

○기본 성격
- 높은 이상을 갖고 자신을 다룬다.
- 노력가이고 성실하다.

○인간관계
- 자신에게도 타인에게도 엄격하다.

○기본 성격
- 다른 사람의 마음에 인상을 남기고 싶어 한다.
- 여럿보다 혼자 있는 것을 좋아한다.

○인간관계
- 비교적 원만하다.

흰색을 좋아하는 사람의 성격 ③

사랑을 하면 흰색을 추구하기도

연애

여성은 사랑을 하면 분홍색을 찾는 경향이 있지만, 일부 사람은 흰색을 추구한다. 상대방에게 청초하고 기품 있으며 청결한 사람으로 보이고 싶어 하는 심리가 작용하기 때문이다. 그러나 관계가 발전하기도 전에 패션에 흰색을 많이 사용하면 인상이 차갑게 비칠 수도 있으므로 주의해야 한다. 흰색은 상대를 우아하게 돋보이게 하는 색이기도 하다. 흰색을 좋아하는 사람도 남을 돋보이게 한다. 여성, 남성을 가리지 않고 상대의 좋은 점을 칭찬하면서 연애 관계를 발전시켜 나가면 좋다.

건강

흰색은 건강에도 좋다고 여겨지는 색이다. 흰색 속옷이나 옷을 입고 있으면 몸에 좋은 빛이 투과된다. 또 피부를 건강하게 보이게 하는 색상이므로 심리적으로 건강에 신경을 쓰게 돼 무의식적으로 건강에 민감해진다. 그러나 눈에 부담이 될 수도 있으니 눈 관리에 주의해야 한다. 한편 흰색 옷을 입은 상대를 보고 병원이 연상되어 자기도 모르게 심장이 두근거리는 사람은 걱정이 많거나 건강에 불안을 느끼는 것일지도 모른다. 신경이 쓰이면 확인을 해봐도 좋을 것 같다.

일

성실하고 재능 있는 사람이므로 여러 가지 일을 능숙하게 해낼 수 있다. 노력가이고 완벽주의자인 흰색을 좋아하는 사람 또는 그런 유형을 동경해서 흰색을 좋아하는 사람은 특히 연구직에서 재능을 발휘할 수 있을 것이다. 과학자, 교육 연구가, 요리 연구가, 미용사, 탤런트 등의 일이 적

흰색을 좋아하는 사람의 성격 분석 ❷

○ 연애
- 흰색을 좋아하는 사람은 상대를 돋보이게 한다.
- 상대의 좋은 점을 길러주며 연애를 발전시키면 좋다.

○ 일
- 연구 직종에서 재능을 살릴 수 있다.
- 과학자, 교육 관계자, 요리 연구가, 미용사 등

○ 건강
- 건강에 민감한 편이어서 건강한 생활을 보낸다.
- 눈의 피로에는 주의하자.

합하고 의사로서의 재능도 있다. 어려운 일이 주어져도 제대로 해낼 수 있는 능력이 있다.

강점과 약점

미의식이 높은 백조 유형은 마음이 강한 것이 강점이자 약점이기도 하다. 자신의 이상을 실현하기 위해 돌진하는 한편 주위 사람에게도 압력을 가할 여지가 있다. 원래 흰색은 상대를 돋보이게 하는 것이 장점인 색이다. 자신은 물론 남을 믿고 잘 활용할 수 있다면 장점이 더욱 돋보일 것이다. 연기파 까마귀 유형이 추구하는 높은 미의식은 자기를 높이는 강점이 된다. 다만, 남의 눈을 지나치게 의식하여 자신의 의지를 강하게 드러내지 못하는 성향이 있다. 그럴 때는 선명한 색을 몸에 지니고 있으면 색의 힘을 빌려 행동을 촉진하면 좋다.

검은색을 좋아하는 사람의 성격 ①

긍정적인 면과 부정적인 면을 겸비한 강한 색

검정은 어떤 색?

검은색은 극단적이고 강한 색이어서 어떻게 사용하냐에 따라서는 불길, 절망, 어둠과 같은 나쁜 이미지를 강하게 발산한다. 한편 정중함, 신비로움, 현대적과 같은 격식과 세련된 이미지도 가지고 있다. 흰색과 함께 극단적인 이미지가 있는 강한 색이다.

한자로는 흑(黑)으로 표현하며, 여기에는 불을 피워 창이 검게 그을렸다는 의미가 담겨 있다. 우리말 '검댕'은 검은색과 그을음이 결합된 단어다. 역사적으로 검정은 신석기 시대 동굴 벽화에 사용된 최초의 색 중 하나였다. 우아함, 신비, 권력을 상징하여 14세기 유럽에서 귀족과 성직자들이 검은색 의복을 착용하기 시작했고, 19세기에 들어서는 영국 시인, 사업가들이 검은색 의복을 착용했다*.

패션은 물론 전자제품 등에도 기본 색상으로 포함되는 색으로 검은색은 남성에게 더 인기가 많다. 그런데 좋아하는 옷 색상에서는 여성에게 압도적으로 지지받는 것도 재미있다.

또한 재판관이 입는 검은 옷에는 어떤 의견에도 물들지 않겠다는 의미가 담겨 있다. 실제로 검은색에는 심리적으로도 외부의 의견으로부터 자신을 보호하는 효과가 있다.

덧붙여서 학교의 흑판(칠판)은 검정(黑)이라는 한자를 사용하지만 검정이 아닌 깊은 녹색이다. 이 점을 이상하다고 생각한 사람은 의외로 적다.

칠판은 개발될 당시 진짜 검은색이었다. 그런데 분필의 흰색과 검은색의 대비가 너무 강하기 때문인지 장시간 보는 것에 적합하지 않아 녹색으로 바뀌었다고 한다.

---

*출처: 네이버 지식백과

검은색의 이미지

재판관의 검은 옷에는 어떤 의견에도 물들지 않겠다는 의미가 담겨 있지.

검정과 단어

흑판은 옛날에는 정말로 검은색이었지만 분필의 흰색과 대비가 심해서 눈 건강에 좋지 않다는 지적이 있었다. 학생들의 시력과 집중력을 위해 초록색으로 바뀌었다고 한다.

'흑백을 가리다'라는 말은 바둑에서 유래한다. 마지막에 남은 흑백 돌의 수를 겨루기 때문에 명확하게 매듭을 짓는다는 의미로 사용되게 됐다.

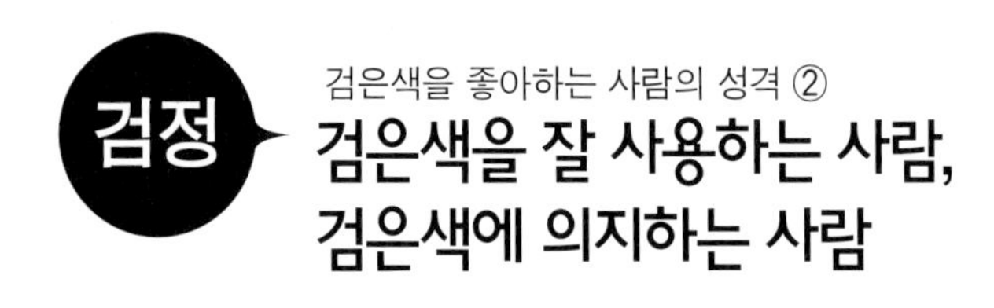

성격

검은색을 좋아하는 사람은 세련된 생활을 보내고 있다. 사람을 움직이는 자질이 있고 발언력도 있다. 검은색 속에 총명함을 느끼고 검은색을 주변에 배치하여 모던하고 우아한 나날을 보내고 싶은 생각이 있는 것이 아닐까. 마음속에는 색의 요정 '도시의 펭귄'이 있다.

한편 검은색의 힘에 의지하려는 사람도 있다. 단순히 무난하다는 이유로 검은색 양복을 고른 사람은 다른 사람의 눈을 의식하는 유형으로 실패를 하고 싶지 않은 마음에 일정한 수준의 평가를 얻을 수 있는 검은색 옷을 즐겨 입는 경향이 있다. 검은색 뒤에 숨어 도망치는 사람의 마음에는 색의 요정 '숨은 명인 다람쥐'가 있다. 검은색의 강한 힘에 의존하는 버릇이 있고 고귀한 존재와 신비적인 존재를 동경한다.

인간관계

검은색을 제대로 활용할 줄 아는 도시의 펭귄 유형은 지배적이며 사람을 컨트롤하는 능력이 뛰어나다. 책임 있는 위치에 있는 사람일지도 모른다. 사람을 신뢰하지 않는 면이 있고, 사람들에게 자신의 마음을 드러내는 것을 극도로 싫어한다. 또한 검은색의 힘에 의지하려는 숨은 명인 다람쥐 유형은 남의 눈을 지나치게 신경 쓰는 경향이 있다. 하지만 사람들은 당신이 생각하는 만큼 당신에게 주목하지 않으니 좀 더 자유롭게 자신을 표현해도 좋겠다.

자신을 지키고 싶을 때는 검은색 옷을 입는 것이 좋다. 검은색은 모든 색을 흡수, 차단하는 강한 색이므로 검은색 옷을 입은 사람을 보호한다.

검은색을 좋아하는 사람의 성격 분석 ❶

두 가지 유형이 있다

검은색을 정말
좋아하는 유형

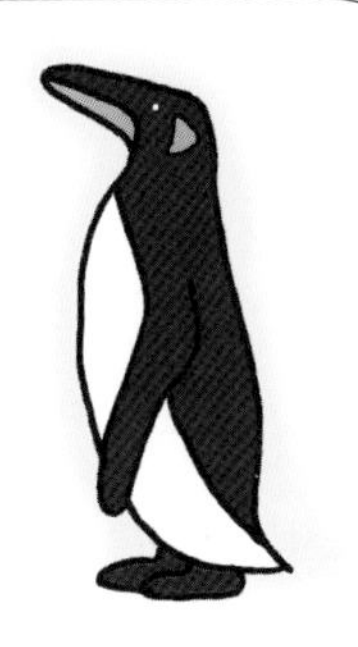

도시의 펭귄
도시에서 자세를
바로잡는다

○ 기본 성격
• 총명하고 발언력이 있다.
• 세련된 나날을 보내고 있다.

○ 인간관계
• 사람의 마음을 움직이는 자질이 있다.

검정의 힘을
빌리고 싶은 유형

숨은 명인 다람쥐
검은색의 힘에
의존한다

○ 기본 성격
• 실패할 수 없고 하고 싶지 않다는 불안감을 안고 있다.

○ 인간관계
• 사람의 눈을 지나치게 의식하는 경향이 있다.

검은색을 좋아하는 사람의 성격 ③

검은색의 강한 힘을 빌린다

연애

자신의 마음을 쉽게 열지 못해 연애를 할 때도 상대와 관계를 발전시키는 데 어려움을 겪는다. 접근 방법을 놓고도 망설이는 일이 많다. 좀 더 솔직하게 자신의 본모습을 보여도 좋을 것이다. 검은색의 힘에 의지하려는 사람은 특히 실패할지도 모른다는 불안감을 크게 느낀다. 실연을 당하거나 연애에서 실패한 경험이 있으면 검은색을 자연스럽게 추구하려는 심리가 있다. 다만 새로운 사랑을 시작하기 위해서는 검은색을 고집하지 않는 것이 좋을 때도 있다.

건강

도시의 펭귄 유형은 자신의 몸 상태에 대해 다소 둔감해서 미묘한 컨디션의 변화를 놓치기 쉽다. 건강에 조금 민감하게 굴어보자. 반대로 숨은 명인 다람쥐 유형은 건강에 과민하게 반응한다. 정신적으로도 자신을 궁지에 내모는 경향이 있으므로 자신을 자유롭게 풀어주는 것이 정신적인 스트레스에서 해방될 수 있다.

일

도시의 펭귄 유형은 권위에 집착하는 성향이 있어서 공무원, 정치인 등을 동경하기도 한다. 출세욕이 강해서 조직에서 두각을 나타낸다. 숨은 명인 다람쥐 유형은 디자이너, 음악가 등의 아티스트에도 많이 있다.

여성은 점쟁이와 같은 신비한 일을 동경하기도 하며 실제로 그 분야에서 두각을 나타내는 경우도 많다.

검은색을 좋아하는 사람의 성격 분석 ❷

○연애
- 관계를 발전시킬 방법을 잘 모른다.
- 새로운 사랑을 위해 검은색에 집착하지 않아야 한다.

○일
- 출세욕이 강하기 때문에 대기업이 적합하다.
- 점쟁이 등 신비한 일이 적합한 사람도 있다.

○건강
- 자신의 건강에 둔감한 편이다.
- 정신적으로 자신을 내몰지 않도록 하자.

강점과 약점

검은색을 좋아하는 사람의 강점은 정신력이다. 강한 의지로 여러 가지 어려움을 극복할 수 있다. 한편, 방식이 강제적이거나 고집이 지나쳐서 전체적인 조화(특히 인간관계)가 무너질 수 있으니 주의해야 한다.

검은색의 힘에 의지하려는 숨은 명인 다람쥐 유형의 사람은 정신력이 약한 것이 약점이다. 주위의 시선이나 평가에 휘둘리지 않도록 자신다움을 밀고 가는 것도 좋다.

확고한 마음속의 매력을 강하게 돋보이게 하는 것이 검은색의 강점이기도 한다.

갈색을 좋아하는 사람의 성격 ①

마음이 넓어 의지할 수 있고 과묵하다

갈색은 어떤 색?

검은 빛을 띤 주황색. 전통색에서는 바싹 마른 굵은 베를 말하는 갈(褐)의 섬유색이다. 옅은 갈색인 담갈색(淡褐色), 검은빛을 띤 회갈색(灰褐色), 검은색과 누런색이 섞인 황갈색(黃褐色), 붉은빛을 많이 띤 적갈색(赤褐色) 또는 고동색(古銅色), 붉은 구릿빛을 띤 적동색(赤銅色), 검고 누런 바탕에 조금 붉은빛을 띤 자갈색(紫褐色), 짙고 어두운 갈색인 흑갈색(黑褐色), 암갈색(暗褐色), 암적갈색(暗赤褐色) 등이 있다*.

성격

갈색을 좋아하는 사람은 부끄럼을 타는 유형일지도 모른다. 말수는 적지만 넓은 마음을 갖고 있고 약한 사람을 잘 돕는다. 자신을 근사하게 보이려고 하거나 거짓말을 하지 않는다. 마음속에는 색의 요정 '수줍은 다정한 곰'이 있어 다정한 마음으로 사람들을 돕는다. 또한 농업과 같이 자연 속에서 일을 하는 사람이 선호한다. 평소에 흙을 보고 있는 시간이 길어서 그만큼 애착을 느끼기 때문일지도 모른다.

인간관계

책임감이 강하고 남들이 꺼리는 일도 나서서 하기 때문에 주위 사람들로부터 덕망이 두텁다. 남들과의 교제에는 적극적이지 않지만, 함께 일을 하는 거라면 안심되고 신뢰할 수 있다는 말을 듣는다. 스스로 나서서 친구 관계를 넓히지는 않기 때문에 친구가 많은 편은 아니지만 그 인품에 매료되어 자연스럽게 사람이 모인다.

*출처: 네이버 지식백과

갈색을 좋아하는 사람의 성격 분석 ❶

한 가지 유형이다

수줍은 다정한 곰

책임감이 강하고 마음이 넓어 의지할 수 있다

○기본 성격

- 곤경에 처한 사람을 도와주는 친절함이 있다.
- 자신을 과장되게 부풀리거나 거짓말을 하지 않는다.
- 의지할 수 있는 존재이다.

○인간관계

- 책임감이 강해 사람들에게 의지가 된다.
- 주위에 자연스레 사람이 모인다.

갈색을 좋아하는 사람의 성격 ②

애인보다 친구 하고 싶은 대상

연애

연애에는 조금 서툴 수도 있다. 친절하고 다른 사람을 위해 나서는 성격이라 애인보다는 친구 하고 싶어 하는 사람이 더 많다. 때로는 의식적으로라도 자기 쪽에서 밀어붙여서 관계를 발전시키는 것도 좋다.

좋든 싫든 참는 타입이므로 생활에 빨간색이나 주황색 의상이나 소품을 지녀보자. 점차 자신의 의견을 표현하는 능력이 길러진다.

여성은 메이크업에 베이비 핑크 같은 밝은 색상을 선택해도 좋다. 연인이 있거나 결혼한 사람이라면 매너리즘에 빠져 있지는 않은지 돌아보는 시간도 중요하다. 일상생활에서 선명한 색상의 물품을 사용하여 생활에 자극을 주도록 의식하자.

건강

부주의로 인해 부상을 입지 않도록 주의해야 한다. 갈색을 좋아하는 사람은 듬직하고 너그러워서 세세한 부분까지 미치지 못하는 일면도 있을 수 있기 때문이다. 스트레스가 쌓이지 않는 성격이어서 정신적으로는 안정적이다. 그래도 스트레스를 느낀다면 관엽식물 등 녹색 물건을 방에 두면 좋다. 녹색이 정신적으로 도움이 돼 면역력이 강화되는 효과를 기대할 수 있다.

일

안심감을 주는 대응 능력은 영업사원으로도 성공할 것이다. 의류와 잡화 등의 판매보다는 꽃집이나 원예점 등이 어울릴지 모른다. 사람을 대하는 게 서툰 사람은 농업에 종사하는 일에 적합하다.

갈색을 좋아하는 사람의 성격 분석 ❷

○ 연애
- 연인보다 친구 하고 싶은 상대이다.
- 연애를 주도하는 것에 서툴다.
- 상대가 있는 사람은 매너리즘 기색이 보인다.

○ 일
- 사람을 대하는 태도가 유연해서 원예점 등의 판매원이 적합하다.
- 농업 관련 일, 도예가 등

○ 건강
- 부주의로 인한 부상에는 주의하자.
- 정신적으로는 안정적인 사람이 많다.

끈기가 있어 한 가지 일을 끝까지 해내는 도예가도 좋다. 정신적으로 안정감이 있고 참을성이 강하여 많은 사람들이 해내지 못하는 일도 꾸준히 할 수 있다.

강점과 약점

다정하고 마음이 넓으며 매사에 동요하지 않고 대응할 수 있는 정신적인 안정감이 강점이다. 포용력이 있어서 주위 사람들이 의지하고 신뢰한다. 반면 행동력이 없고 개성이 약한 것이 약점이 되기도 한다. 자신만의 무기를 하나쯤 갖고 있으면 더 큰 강점이 되어 빛을 발하게 될 것이다. 행동력 있는 친구와 함께 어울리면 많은 깨달음이 있을 것이다.

회색을 좋아하는 사람의 성격 ①

조심스럽고 분별 있고, 수시로 불안해한다

회색은 어떤 색?

회색은 흰색과 검은색을 혼합하여 만든 색으로 무채색 중 하나다.

회색은 명도 차이에 따라 실로 다양한 색이 있다. 명도가 높은(흰색의 양이 많은) 펄 그레이, 실버 그레이나 블랙에 가까운 스틸 그레이, 차콜 그레이 등 종류도 다양하다.

회색은 보기에 흰색과 검은색의 중간 색상 같지만, 실은 흰색보다는 검은 색의 영향을 강하게 받고 있는 색이기도 한다.

성격

회색을 좋아하는 사람은 조심스럽고 분별력이 있다. 상대를 생각하는 마음과 도움이 되고 싶어 하는 사람을 많이 볼 수 있다. 자신이 앞에 나서는 것보다 누군가에게 도움이 되기를 바라는 유형이다. 마음속에 있는 색의 요정은 '신중하고 조심스럽게 달리는 말'이 있다. 조심스럽고 신중한 성격으로 신경을 곤두세우고 주위를 경계한다. 마음 깊은 곳에는 불안감도 있을 것이다. 어두운 회색을 좋아하는 사람은 검은색을 좋아하는 사람의 성격에 가까워 무난한 것을 선택하는 성향이 있다.

인간관계

인간관계에는 그다지 자신이 없다 보니 사람을 피하는 경향이 있다. 우유부단한 면도 있어서 매사 쉽게 결정하지 못하고, 가능하다면 사람들과 관계를 맺으려고 하지 않는 경향이 있다. 하지만 마음속으로는 남에게 잘 보이고 싶어 하는 심층 심리도 숨겨져 있다.

회색을 좋아하는 사람의 성격 분석 ❶

한 가지 유형이다

신중하고 조심스럽게 달리는 말

주의 깊고 신중하며 분별 있다

○ 기본 성격

- 조심스럽고 판단력이 있다.
- 주의 깊고 신중한 성격이다.
- 마음속에 불안감을 안고 있다.

○ 인간관계

- 사람과의 유대감이 약해서 가능하다면 깊이 관계하고 싶어 하지 않는다.
- 하지만 사람들에게는 잘 보이고 싶어 한다.

회색을 좋아하는 사람의 성격 ②

성실하고 균형 감각이 뛰어나다

연애

자신의 속마음을 좀처럼 남에게 보이지 않는 유형이므로, 좋아하는 상대에게도 솔직하게 자신의 마음을 전하지 못한다. 특징적인 것은 밝은 회색을 좋아하는 남성은 귀여운 것을 매우 좋아하는 분홍색을 선호하는 여성과 궁합이 최고라는 점이다. 한편 어두운 회색을 선호하는 여성은 빨간색을 좋아하는 행동적인 남성이 과감하게 이끌어 주면 좋다. 단, 회색을 좋아하는 사람끼리는 주의해야 한다. 행동이 정체되고 발상이 밖으로 향하지 않기 때문에 궁합이 좋다고 할 수 없다.

건강

회색을 좋아하는 사람 중에는 신중한 타입이 많고 건강도 잘 챙긴다. 왜냐하면 라이프스타일이 틀어 박혀 있어 같은 일을 반복하는 것에 안정감을 느끼기 때문이다. 새로운 장소에 외출하는 일도 잦지 않고 또한 회색은 자신의 에너지 소비도 운동도 억제하기 때문에 운동 부족이 되기 쉽다. 산책이나 퇴근길에 조금이라도 걷는 등 가벼운 운동이라도 습관화하도록 한다.

일

신중하고 성실하며 균형 감각도 뛰어나다. 남성은 회사원이나 회계사, 판매원 등의 일이 적합하다. 새로운 일에 도전하거나 결단이 필요한 일보다는 정해진 것을 완벽하게 해내는 일이 적합하다. 여성은 비서, 교사, 간호사 등의 일을 하면 최고의 능력을 발휘할 것이다.

회색을 좋아하는 사람의 성격 분석 ❷

○ 연애
- 밝은 회색을 좋아하는 남성은 분홍색을 좋아하는 여성과 잘 맞는다.
- 어두운 회색을 좋아하는 여성은, 빨간색을 좋아하는 남성과 잘 맞는다.

○ 일
- 성실하고 균형 감각이 뛰어나다.
- 회계사, 판매원, 비서, 교사, 간호사 등

○ 건강
- 평소 무의식적으로 건강에 신경을 쓰고 있다.
- 운동 부족일 수도 있다.

강점과 약점

쓸데없는 모험을 피하고 신중하게 행동하며 실패를 회피하는 위기관리 능력이 탁월한 것이 강점이다. 일상에서 반복되는 일을 확실하게 처리하는 능력은 소중히 여기며 더욱 더 발전시켜야 할 장점이다.

한편 행동이 지나치게 신중한 나머지 새로운 취미나 일의 폭을 넓힐 수 있는 기회가 줄어들고 그것이 약점이 되기도 한다. 마음속에 있는 불안감은 때에 따라서는 행동을 멈춰 세우는 작용을 한다.

적극적으로 도전하는 마음도 잊지 말자. 회색을 좋아하는 사람이라면 도전을 했다가 만에 하나 일이 잘못되더라도 위기관리 능력이 뛰어나다.

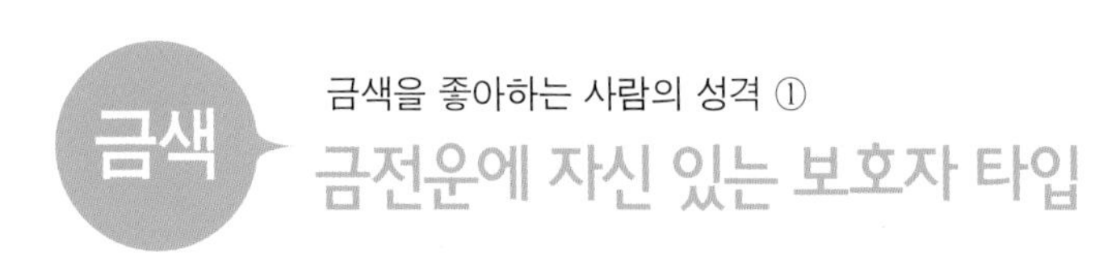

금색은 어떤 색?

금은 강한 반사 성질을 갖고 있기 때문에 순수한 색깔로 표현할 수 없다. 금색 외에도 은색이나 구릿빛도 색의 성질뿐만 아니라 반사율이 관계해야 비로소 색처럼 느껴지는 색상이라고 할 수 있다.

특히 금색은 인기 색상 중 하나로 '색'으로 인정받고 있다. 금색은 황금이나 재산을 상징하는 의미로 사용되는 경우가 많으며, 세계적으로 금색에 매료된 사람은 많이 있다. 국기나 문장(紋章)에 사용되는 경우도 있지만, 그 경우 보통은 금색 대신 노란색을 사용한다.

성격

금색을 좋아하는 사람은 돈에 대한 집착이 강하고 권력을 좋아한다. 큰 꿈을 품고 그것을 실현해 가는 활력이 있다. 이상이 높고 삶을 만끽하기 위한 노력을 아끼지 않는다. 마음속에는 색의 요정 황금색으로 빛나는 거대한 '금괴를 운반하는 고래'가 있다. 기본적으로는 낭비벽이 있고 아름다움, 쾌락을 위해서라면 돈 아까운 줄 모른다. 금전운이 좋거나 또는 근거 없이 좋다고 생각하는 타입이다. 그리고 강한 승인 욕구를 갖고 있다.

인간관계

기본적으로는 자신을 위해서도 다른 사람을 위해서도 돈을 잘 쓴다. 보호자처럼 남을 잘 돌봐 주는 타입으로 많은 사람들에게 존경받고 싶어 한다. 반면 금색을 좋아하는 사람 중에는 낭비가 아니라 저축에 강한 쾌락을 느끼는 사람도 있다. 인색한 사람도 있어 다른 사람과 쓸데없는 관계를 맺는 것을 꺼린다.

금색을 좋아하는 사람의 성격 분석 ❶

한 가지 유형이다

금괴를 운반하는 고래
인생을 제대로 만끽하고
활력이 넘친다

○ 기본 성격
- 돈과 권력을 좋아한다.
- 인생을 만끽한다.
- 금전운이 따른다고 생각한다.

○ 인간관계
- 남을 잘 돌봐 주는 사람이 많다.
- 자신이 특별하다고 오만해지지 않도록 주의하자!

금색을 좋아하는 사람의 성격 ②

연애는 외모 중시 성향이 강하다

연애

연애를 할 때는 외모를 중시하는 경향이 있어 상대의 얼굴이나 스타일에 이끌려 연애를 시작한다. 사랑도 자신의 가치를 높이는 수단 중 하나라고 생각하고, 사람들에게 자신이 어떻게 보일지를 신경 쓴다. 외모가 뛰어난 파트너와 함께 있음으로 해서 자신의 가치를 높이려고 하는 심층 심리가 엿보인다. 사람의 내면도 외모만큼이나 소중하게 여기면 원만한 연애를 성취할 것이다. 개중에는 외로움을 강하게 느끼는 사람도 있고, 그 사실을 숨기기 위해 애인을 만들려고 하는 사람도 있다. 그래서인지 언제까지고 채워지지 않는 연애를 추구하기도 한다. 사람을 손익으로 판단하지 말고 솔직하게 자신의 편안함(즐거움)을 추구하기 바란다.

건강

쾌락에 약하기 때문에 몸에 무리가 올 수도 있다. 아무래도 물질적인 풍요로움을 추구하는 경향이 있지만 정신적인 풍요로움도 얻게 된다면 건강에 대한 의식도 높아질 것이다. 앞만 보고 달리기보다 쉬는 것 또한 삶의 풍요로움을 누리는 요소 중 하나임을 기억하자.

일

기본적으로 착실하고 부지런히 일을 하는 타입이 아니라 처음부터 타고난 금전운을 배경으로 돈에 둘러싸여 살아가는 사람이 많다.

상승 지향이 높기 때문에 좋아하는 일만 골라서 한다. 모델, 탤런트 등 남들에게 보이는 일이나 투자가, 금융계 등 돈에 관련된 일이 적합하다. 또한 회사 경영이나 사업가도 어울린다.

금색을 좋아하는 사람의 성격 분석 ❷

○ 연애

- 상대의 외모를 보고 사랑을 시작한다.
- 외로움을 많이 타고 그것을 충족시키기 위해 사랑을 추구하기도 한다.

○ 일

- 큰일을 벌리고 싶어 한다.
- 회사 경영, 사업가, 모델, 금융계 등

○ 건강

- 쾌락에 약해서 건강을 해칠 위험이 높다.
- 정신적인 풍요로움에 눈을 돌리는 마음의 여유가 필요하다.

강점과 약점

인생을 만끽하는 것을 최우선으로 하고 매일을 즐기는 모습은 누구라도 부러워할 것이다. 높은 이상을 품고 그것을 실현해내는 활력은 큰 강점이다.

한편 낭비벽이나 저축에 대한 집착이 지나치면 균형이 깨질 수 있는 점은 약점이다. 또한 점이나 풍수 등에 의존하는 성향도 다소 있을 수 있다. 금색을 좋아하는 사람은 이상을 실현하는 힘이 있기 마련이니 자신을 믿고 행동하는 것이 좋다.

Column

아이의 발달을 촉진하는 색채

아기는 생후 2~3개월 정도면 색을 판별하는 능력이 생긴다고 한다. 원색을 식별할 수 있기까지는 약 6개월이 걸린다. 신생아는 노란색, 흰색, 분홍색 등의 색을 좋아하기 때문에 이러한 색을 중심으로 다양한 색깔을 보여주는 것이 좋다. 색채 감각은 유아기의 시각적 경험에 의해 획득되는 것으로 알려져 있다.

그리고 성장하여 아이가 자신의 방을 갖게 되면 방 전체를 파란색 계열로 꾸밀 것을 추천한다. 파란색은 아이의 성장을 도와주는 색인 동시에 집중력과 구심력을 높여주는 색이다. 파란색으로만 꾸미는 인테리어는 너무 살풍경해서 색의 균형이 어려우니 전체의 70% 정도를 베이지 계열의 차분한 색상을 기반으로 하여 파란색을 보조색으로 사용하는 것도 좋다. 베이지색은 파란색과 마찬가지로 진정 효과를 기대할 수 있어 아이들의 자유로운 발상을 촉진하는 효과가 있다. 미국 펜실베이니아 대학의 연구에 따르면 베이지색을 가까이 하는 학생들은 자신감이 넘치고 성적도 우수하다고 한다. 아이들이 베이지색을 자주 접할 수 있는 환경을 말들어 줄 것을 권한다.

2장

사람을 간파하고 움직이는 색의 심리술

색상별 성격 진단을 듣고서 '와~그렇구나'라고 끝내버린다면 매우 유감이다. 왜냐하면 색은 더 나은 관계를 구축하기 위한 접근 방법을 알 수 있는 도구이기 때문이다. 2장에서는 사람의 성격 경향과 행동 원리를 알아보고 원활한 인간관계를 맺기 위한 요령을 소개한다.

색의 힘으로 사람의 성격을 간파하다

색 활용법을 알면 신뢰감을 높일 수 있다

1장에서는 좋아하는 색상에서 유추할 수 있는 성격에 대해 설명했다. 하지만 색에 의한 성격 진단에 대해 단순히 '맞다, 맞지 않다'로 끝내버린다면 아쉬움이 남는다.

색은 자신의 내면을 알 수 있을 뿐 아니라 다른 사람의 성격을 간파하는 데도 사용할 수 있다.

사람의 성격은 매우 복잡하고 이해하기 어렵지만 성격의 경향과 행동 원리를 꿰뚫어볼 수 있다면 인간관계에 원활하게 활용할 수 있다. 행동적인 사람인가 또는 신중하게 생각하는 사람인가를 알 수 있으면 그에 맞게 대응할 수 있다. 또한 타인의 속마음을 알면 상대를 움직이는 것도 가능하다.

예를 들어 언뜻 보기에 행동적으로 보이는 사람도 불안감이 있고, 신중하다는 사실을 알면 상황을 설명하고 안심시키는 것만으로도 자신에 대한 상대의 신뢰도를 높일 수 있다.

찰나의 순간에 알 수 있는 상대의 성격

상대의 성격을 파악하는 데 있어 상대가 좋아하는 색은 매우 유용한 정보이다. 색 정보는 상대의 마음을 순식간에 알 수 있는 수단이다. 상대가 좋아하는 색을 알면 1초 만에 상대의 내면을 꿰뚫어볼 수 있다고 해도 과언이 아니다. 또한 좋아하는 색에는 매우 많은 정보가 집약되어 있다.

그러면 구체적으로 어떻게 하면 상대가 좋아하는 색을 알 수 있을까? 다양한 방법으로 다른 사람이 좋아하는 색을 알 수 있다. 가장 간단한 방법은 직설적으로 상대에게 질문하는 것이다. 다음 항목에서 소개한다.

상대가 좋아하는 색을 알면 성격을 알 수 있다

상대가 좋아하는 색을 알면 성격을 추측할 수 있다.

상대가 좋아하는 색을 알면 상대를 움직일 수 있다

질문에 대한 반응에서 해석한다

상대에게 직접 좋아하는 색을 물어본다

먼저 무슨 색을 좋아하는지 직접 물어보는 방법을 시도해 보자. 당신의 질문에 '빨강, 파랑'이라고 솔직하게 대답하는 사람은 남을 의심하지 않는 솔직한 성격이라고 할 수 있다. 개중에는 '왜 그런 걸 물어?'라고 반문하는 사람도 있을 것이다. 이성인 상대가 즐거운 표정으로 묻는다면, 그것은 자신을 알고 싶어 하는 것에 대한 호의의 표현일 것이라는 추측하에 호의를 확인하는 것일 수도 있다. 하지만 무표정하거나 기분 나쁜 얼굴로 반문하는 사람은 경계심이 강하여 남을 쉽게 믿지 않는 유형일 가능성이 있다. 남이 자신을 꿰뚫어봄으로써 자신이 불리해지는 것을 두려워하는 것이다. 또한 '좋아하는 색? 잘 모르겠네'라며 얼버무리는 사람도 마찬가지이다. 딱 잘라 거절해서 관계가 악화되는 것을 바라지는 않지만 본심을 보이고는 싶지 않은 것일 수 있다.

눈썹과 눈의 움직임에 주목

질문을 한 후 상대의 눈썹과 눈의 움직임에 주목하자. 눈살을 찌푸리는 사람은 거절의 의사 내지 회의적인 마음을 표현하는 것이다. 눈이 좌우로 움직이는 사람은 마음속으로 이런저런 생각을 하고 있다고 볼 수 있다. 추궁당하는 듯한 말투나 상사에게 질문을 받으면 사람은 긴장해서 눈이 좌우로 흔들린다. 만약 친근한 상대가 터무니없는 질문을 했을 때 눈이 좌우로 움직인다면, 그것은 진지하게 대답하려고 생각하는 성실한 사람이라고 할 수 있겠다. 질문에 답하지 않는 사람에게는 질문을 하는 방법을 다시 생각해봐야 한다. 다음 항목에서 소개한다.

질문에 어떤 식으로 대답하느냐에 따라 알 수 있는 상대의 본성

대답하지 않았다

어떤 반응을 보였는지 관찰한다.

대답했다

상대가 좋아한다고 대답한 색을 1장에서 소개한 성격 분석에 비추어 참고한다.

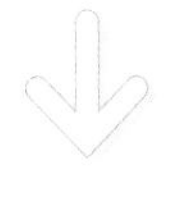

얼버무리는 사람

인간관계를 망가뜨리고 싶지는 않지만 자신을 알리고 싶지도 않은 성격이다.

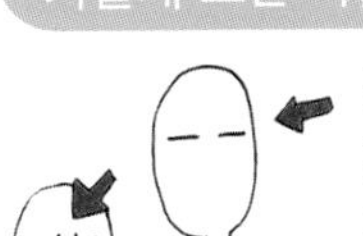

미간에 주름이 생기거나 눈을 가늘게 뜨는 사람

경계를 하거나 거절하는 표시. 또 자신이 불리해질까 지나치게 두려워하는 성격이다.

물론 질문자와의 인간관계도 있어서 일률적으로는 말할 수 없으니 참고하자!

질문 방법을 궁리하고 해석한다

성격보다 기호성을 탐색하고 있다?

좋아하는 색이 뭔지 질문을 받으면 사람은 본능적으로 자신의 기호에 대해 묻는 것이지 성격을 탐색한다고는 여기지 않는다.

따라서 자신의 취미나 취향에 콤플렉스가 있거나 남들이 아는 것을 꺼림칙하게 느끼면 솔직하게 대답해 주지 않는다. 선뜻 대답하지 않는 사람은 어쩌면 취미에 이상한 비밀이 있을지도 모른다. 반대로 자신있게 대답하는 사람은 자신의 취미를 알리고 싶어 하는 표현일 수도 있다. 업무 말고도 좋아하는 것이 있고, 그것을 자랑스럽게 느낀다는 증거다. SNS 활동을 활발하게 하는 유형일지도 모른다.

반보성(反報性)을 이용한 질문의 요령

좋아하는 색을 알아낼 목적이라면 상대가 경계심을 품지 않도록 자연스럽게 물어보도록 한다. 먼저 자신이 좋아하는 색을 이야기의 흐름에 맞추어 자연스럽게 꺼낸 다음 상대에게 질문하면 쉽게 답을 들을 수 있다. 이것은 반보성(反報性)*이라고 하는 심리를 이용한 것인데, 자신에 대한 정보를 먼저 털어놓으면 상대방도 마찬가지로 공개해야 한다는 마음이 들게 하는 심리를 말한다. 상대가 좋아하는 색을 말했다면 1장의 설명을 참고로 그 사람의 내면을 탐색해 보자. 표면적인 성격 안에 당신이 모르는 상대의 진짜 성격이 숨어 있을지도 모른다. 그리하여 상대의 성격을 알게 되면 상대가 좋아하는 것을 자극하고 상대가 싫어하는 포인트는 피함으로써 인간관계는 비약적으로 개선된다.

---

*반보성(反報性) : 타인이 호의를 베풀거나 양보를 하면 그에 보답해야 한다는 심리가 작용하는 것을 말한다.

반보성을 이용해 알아내는 방법

자신있게 대답했다.

자신의 기호성에 자신감 있는 사람, 관심 받고 싶은 사람일 가능성이 크다.

쉽게 대답하지 않는다.

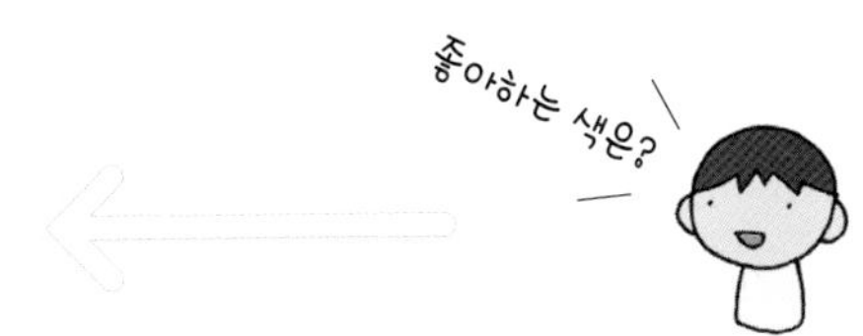

갑자기 질문하면 상대는 둘러댄다.

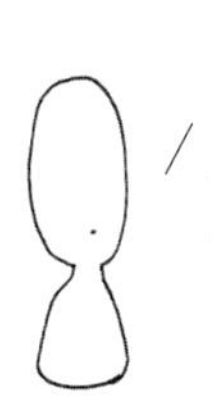

자신이 좋아하는 색을 가르쳐주고 나서 물으면…

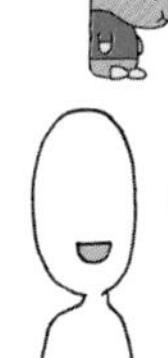

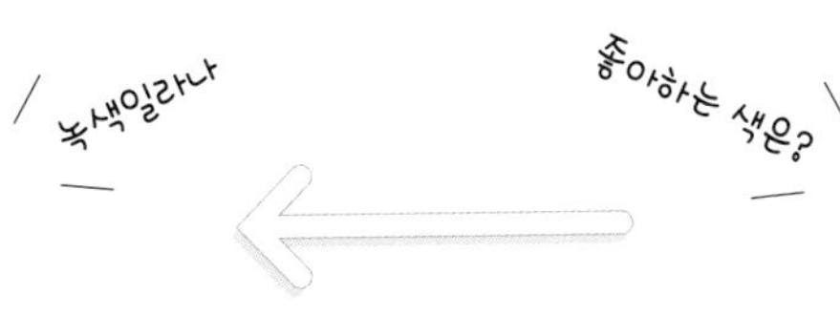

상대가 대답할 가능성이 높아진다. 반보성이라고 하는 심리이다.

싫어하는 색을 질문하고 해석한다

싫어하는 색에서 알 수 있는 성격

좋아하는 색을 알아냈다면 싫어하는 색이 무엇인지도 물어보고 싶다. 왜냐하면 성격의 까다로운 부분은 좋아하는 색보다는 싫어하는 색에서 드러날 가능성이 높기 때문이다. 싫어하는 색이 명확하지 않은 사람도 있지만, 만약 명확하다면 그것은 상대의 마음을 여는 귀중한 열쇠가 될 수 있다.

까다로운 성격은 싫어하는 색에서 나타난다

싫어하는 색에는 콤플렉스가 숨어 있는 경우가 있다. 거부 반응이 클수록 그 경향은 강하다.

예를 들어, 분홍색을 좋아하는 사람은 여성적이고 부드러운 성격의 소유자이지만, 일에 열정을 쏟는 여성이라면 여성의 달콤함을 표현하는 분홍색을 싫어하는 성향이 있다. 그런 여성은 어쩌면 마음속에 남성에게 지고 싶지 않고 일로 평가받고 싶은 승부욕이 강하게 자리 잡고 있다.

더 강하게 분홍색을 거부하는 사람이 있다면, 과거 여성이라는 이유로 불쾌한 경험을 했거나 귀엽게 꾸민 여성에게 강한 불쾌감을 느낀 적이 있다고도 추측할 수 있다.

이외에도 지식 능력과 학력에 콤플렉스가 있으면 노란색을 싫어하고, 인간관계에 콤플렉스가 있으면 청록색을 싫어하는 경향도 있다.

상대가 좋아하는 색과 더불어 싫어하는 색과 거절의 강도를 아는 것은 복잡한 사람의 성격을 이해할 수 있는 실마리가 된다. 색상별로 사람들이 싫어하는 이유를 다음 페이지에 정리했으니 참고하기 바란다.

싫어하는 색의 배경에 있는 것은…?

빨간색을 싫어한다

빨간색을 싫어하는 사람은 욕구 불만일 가능성이 있다. 이루고 싶었던 꿈이 어떤 이유로 좌절되었을 때 행동력과 힘의 상징인 빨간색을 거부할 수 있다. 어떤 형태의 좌절감과 관련된 것이 종종 있다.

분홍색을 싫어한다

남성과 경쟁하는 조직에서 남성을 이기고 싶은 여성은 분홍색을 꺼리는 경향이 있다. 또한 다른 사람과 비교해서 자신의 상황이 불우하다고 느낄 때도 분홍색의 아름다움을 받아들이지 못한다.

주황색을 싫어한다

어느 날 갑자기 별다른 이유 없이 모든 게 싫어지고 내던지고 싶을 때가 있다. 그럴 때는 주황색이 싫어진다. 또한 시간을 낭비하며 살아온 것을 후회하는 사람도 주황색이 눈부시게 느껴져서 받아들이지 못한다.

노란색을 싫어한다

지식, 학력 등에 콤플렉스가 있는 사람은 노란색을 싫어하는 성향이 있다. 또한 마음속으로는 밝은 성격을 원하지만 행동으로 옮기지 못하는 사람도 싫어할 수 있다.

녹색을 싫어한다

외로움을 잘 타고 늘 걱정이 있는 사람, 항상 외로움을 느끼는 사람은 녹색을 좋아하지 않는 성향이 강하다. 외로운 마음을 녹색의 차가움이 증폭시키기 때문이다. 사회 생활에 적응하지 못하는 사람도 녹색을 좋아하지 않는다.

청록색을 싫어한다

청록색을 좋아하는 사람은 세련되고 까다로운 부분이 있지만, 청록색를 싫어하는 사람도 다소 까다롭다. 특히 인간관계에서 콤플렉스가 있으면 청록색을 받아들이지 못한다.

싫어하는 색은 단순히 성격뿐만 아니라 감정이 투영되는 경우가 많이 있다. 상대를 파악하는 데 싫어하는 색은 매우 유용한 단서가 된다.

파란색을 싫어한다

정신적으로 무언가에 쫓기고 있지 않은지 의심해 보자. 크게 실패하고 나서 실의에 빠져 있거나, 사람들에게 받은 상처로 인해 미래가 없다고 느끼고 있을 가능성도 있다. 파란색은 싫은데 결국 파란색을 선택하는 괴로운 심리 상태도 볼 수 있다.

보라색을 싫어한다

운세, 불가사의한 힘 등 신비한 것을 거절하게 되면 보라색의 신비함이 싫어진다. 또한 감각적인 부분이 무뎌지면 보라색을 거부하게 된다.

검은색을 싫어한다

검은색은 사람들이 싫어하는 색 중 하나이다. 검은색을 싫어하는 사람은 검은색이 갖고 있는 부정적인 이미지를 강하게 갖고 있다. 엄격한 것이나 위엄 있는 존재가 싫어지거나 질병이나 죽음에 대해 강한 불안감이 있으면 검은색을 받아들지 못한다.

흰색을 싫어한다

노력하는 것을 싫어하고, 정리 정돈을 싫어하고, 규칙을 강요당하는 것을 싫어한다. 정신적인 스트레스에 노출되어 있어도 흰색이 싫어진다. 과도한 걱정이나 남들이 자신을 보고 있다는 생각(스포트라이트 효과)이 강해지면 흰색을 피하게 된다.

회색을 싫어한다

평범하고 단조로운 것에 지루함을 느끼거나 싫어지면 회색이 싫어진다. 자극적인 생활을 동경하는 사람도 회색의 평온함을 싫어한다.

싫어하는 색이 특별히 없는 사람도 있다. 만약 싫어하는 색이 분명한 사람이라면, 거기에는 어떤 심리가 숨겨져 있을지도 몰라~

색으로 사람을 간파하는 방법 ④

선호하는 옷 색상에서 해석한다

옷의 색상과 성격, 기분의 관계

좋아하는 색이 무엇인지 직접 물어보기 어려운 상대라면 그 사람이 입고 있는 옷을 보면 단 1초면 상대의 성격을 추측할 수 있다.

옷은 기호품의 연장선이라고도 할 수 있는데, 몸에 걸치고 남들에게 보인다는 관점에서는 마음을 투영하기 쉬운 아이템이다.

또한 옷의 색상에는 성격이 나타나는 외에 기분이나 전략도 반영된다. 그때그때의 기분에 좌우되므로 복잡하지만 상대의 성격과 기분 상태를 동시에 꿰뚫을 수 있는 장점도 있다.

또한 어떤 전략을 사용할지도 옷의 색상을 통해 대략 파악할 수 있다.

옷에서 상대를 읽을 수 있는 포인트

옷을 통해 상대의 성격을 알 수 있는 방법에 대한 포인트를 정리했다.

① 순식간에 상대의 성격과 기분을 간파한다.

② 평소 입고 있는 옷의 색 경향을 통해 상대의 전략을 간파한다.

③ 상대가 좋아하는 색을 알고 있는 경우, 그 색과 옷의 색상이 같은지 다른지에 따라서 상대의 성격을 한층 더 깊이 이해할 수 있다.

평소 즐겨 입는 계열의 색상과 달리 어느 날부터 옷의 색이 바뀌었다고 하면, 상대의 기분이나 전략을 확실히 간파할 수 있다. 예를 들어 파란색 옷을 즐겨 입던 사람이 검은색 옷을 입으면 뭔가를 두려워하거나 무서워하는 게 아닌지 추측할 수 있다.

옷의 색상에 나타나는 메시지는?

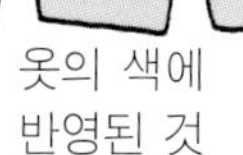
옷의 색에
반영된 것

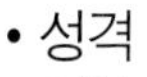

- 성격
- 기분
- 전략

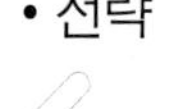

옷의 색상에는 성격뿐만 아니라 그때의 기분이나 타인에 대한 전략이 추가적으로 반영되어 있다. 다양한 정보를 읽을 수 있기 때문에 복잡하지만 질문을 하지 않고도 간파할 수 있는 이점이 크다.

옷으로 상대의 성격을 알 수 있는 포인트

한눈에	성격을 꿰뚫어볼 수 있다.
평소	입고 있는 옷의 색상으로 성격을 알 수 있다.
질문으로	좋아하는 색상과 일치하는지에 따라 성격을 알 수 있다.
변화로	기분과 전략을 알 수 있다.

색으로 사람을 간파하는 방법 ⑤

수수한 옷, 화려한 옷 두 가지 선택에서 해석한다

수수한 차림 또는 화려한 차림

상대가 입은 옷의 색상에서 무언가를 알아내려면 익숙해질 때까지 조금 어려울 수 있다. 따라서 본 항목에서는 알기 쉬운 예를 소개하고 옷 색상과 성격의 인과 관계를 설명한다.

수수한 색상의 옷

눈에 띄고 싶지 않은 의도를 가지고 선택하는 경우를 제외하고는 사람의 시선을 신경 쓰는 타입으로 자신의 감정을 억제하는 유형일 가능성이 높다. 자신이 입은 옷이 약속 장소나 다른 사람의 옷과 조화롭지 못해서 주위와 동떨어질까 봐 노심초사한다. 또한 여성의 경우 실수하면 어쩌나 하는 실패나 손해에 대한 두려움이 강하다. 남성의 경우는 반대로 사람의 시선을 신경 쓰지 않거나 조직에 순응하는 마음이 강한 경우에 수수한 옷을 입는 일이 많아진다.

화려한 색상의 옷

지나치게 화려한 옷을 입는 사람의 대부분은 자유롭게 자신다움을 표현하고 있다기보다는 사람의 시선을 신경 쓰거나 자신이 없는 사람일 가능성이 높다. 사교적인 성격의 사람 중에 자신의 외모와 성격에 자신이 없을 때는 화려한 옷의 힘을 빌려서 자신을 드러내거나 개성을 내보이려고 한다. 멋 내는 것을 통해 자신감을 가지려는 것일 수도 있다. 화려한 옷으로 자신다움을 표현하려는 사람도 있지만 그 수는 적다. 화려한 패션에서도 자신이 없는 사람이 더 많다.

수수한 색상의 옷을 입는 사람의 성격

사람들의 시선을 신경 쓰고 자신의 기분을 억누르는 성향이 있다.

- 베이지, 회색 등
- 단색, 두 가지 색상 정도
- 차분한 스타일

내성적인 성격으로 남의 눈치를 보고 자신을 잘 표현하지 못하는 타입이 많다.

화려한 색상의 옷을 입는 사람의 성격

의외로 사람의 시선을 신경 쓰는 타입으로 자신감이 없는 경우도 있다.

사교적인 성격의 사람이 외모에 자신이 없을 때 옷의 힘으로 자신감을 높이려고 한다.

- 빨강, 주황, 노랑 등
- 여러 가지 색을 사용한다.
- 화려한 디자인

표면적으로는 자신감이 넘쳐 보여도 내면에는 부족한 무언가가 있지.

검은색 옷과 흰색 옷
두가지 선택에서 해석한다

수비의 검은색, 공격의 흰색

또 하나 쉽게 이해할 수 있는 예로 전신을 검은색 계열 또는 흰색 계열 한 가지 톤으로 코디한 사람을 비교해 보겠다.

검은색 옷

일부 세련된 사람은 감성적으로 검은색 옷을 선택하지만, 온몸에 검은색 옷을 입고 있는 사람의 대다수는 검은색 뒤로 도망치고 있을 가능성도 있다. 검은색 옷은 언제 입어도 또 누가 입어도 60점은 받는 옷이다. 사람의 평가를 신경 쓰는 사람이 적당한 평가를 바라며 선택하는 색상의 옷이기도 한다.

사람의 평가를 신경 쓰는 성격, 특히 감각과 감성에 자신감이 없는 사람은 자신도 모르게 전신을 검은색으로 마무리한 것을 깨닫는다. 또 손해보고 싶지 않은 손실 회피성이 강한 사람도 검은색 옷으로 마무리한다. 검은색은 여러 가지로부터 자신을 지키는 색이기도 한다.

흰색 옷

검은색 옷이 수비의 옷이라면 흰색 옷은 공격의 옷이라고 할 수 있다. 미의식이 높은 백조 유형의 높은 이상을 상징하며 자신의 내면을 흰색 옷으로 연출한다. 연기파 까마귀 유형도 전략적인 도구로 흰색 옷을 사용한다. 어떤 이미지를 상대에게 심고 싶은지는 사람에 따라 다르겠지만 청초함, 순수함, 젊음을 어필하고 싶을 때 흰색 옷이 자주 사용된다. 동성 간의 경쟁심, 이성을 향한 어필에 사용되는 경우도 많다.

검은색 옷을 입는 사람의 성격

다른 사람의 평가가 신경 쓰여 만점은 아니지만 합격점을 맞고 싶어서 검은색에 의지하려는 심리가 있다.

마음속에 실패하고 싶지 않은 강한 손실 회피성을 가지고 있는 사람도 있다.

- 위아래 모두 검은색 옷
- 진하고 연한 검은색 옷으로 맞추었다.

흰색 옷을 입고 있는 사람의 성격

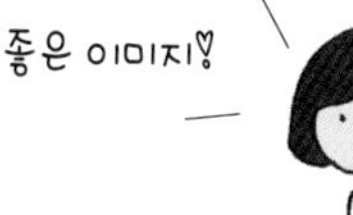

흰색이 갖고 있는 양질의 이미지를 강하게 경우 원하는 경우

젊음과 순수함을 어필하고 싶을 때도 흰색 옷을 선택한다.

- 위아래 모두 흰색 옷
- 흰색, 오프 화이트 등 촉감이 다른 흰색으로 맞추었다.

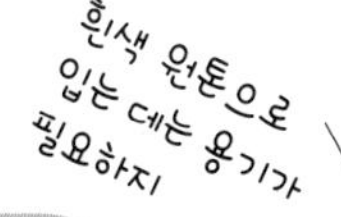

반대로 말하면 전략적인 강한 의지가 없으면 흰색의 원톤 코디는 무리야!

코디네이트에서 해석한다

심층 심리가 투영된다?

전체적인 코디네이트에는 심층 심리가 잘 반영된다. 몇 가지 예를 들어 입고 있는 의상과 그 사람의 성격과 심리를 살펴본다.

A 다크 계열의 원톤

- 남의 평가를 신경 쓰는 성격이다.
- 보수적인 사람은 시계, 신발, 가방까지 모두 검은 색으로 통일시킨다.
- 무언가에 억압되어 참고 살아온 사람도 그렇다.

B 베이지의 원톤

- 다소 보수적인 성격, 손실 회피 성향도 있다.
- 규칙에서 좀처럼 벗어나지 못하는 성실함이 있다.

C 밝은 상의와 어두운 스커트(팬츠)

- 자신의 주장도 내세우고, 규칙도 잘 지킨다.
- 자신의 기분도 상대의 기분도 소중히 여긴다.
- 새로운 것을 하고 싶지만 모험은 기피한다.

D 어두운 상의와 밝은 스커트(팬츠)

- 다른 사람과 조금은 다른 자신을 표현하고 싶어 한다.
- 행동으로 옮기려는 마음이 높아지고 있다.

원 포인트의 예

E 시크한 색의 코디네이트에
원 포인트의 화려한 색상

- 남들과의 협동성을 중시하면서도 자신을 표현한다.
- 원 포인트 색상에 자신이 원하는 방향이 투영되어 있다.

F 밝은 색의
코디네이트에 원 포인트의 시크한 색상

각 코디네이트의 심리 이미지

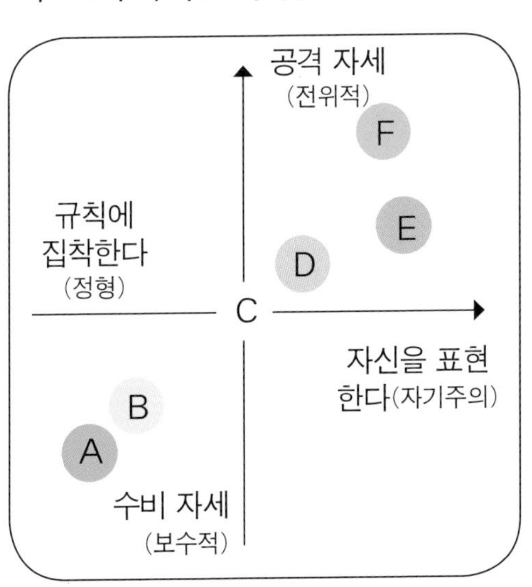

- 대인의식이 높다.
- 시크한 원 포인트 색으로 '물건도 잘 보이고 싶다'고 생각하고 있다.

원 포인트의 예

상의 색상에서 해석한다

상의는 성격과 감정을 표현한다

전체적인 통일감이나 코디네이트로도 알 수 있지만, 한눈에 알아낼 수 있는 것이 셔츠, 블라우스, 스웨터 등 긴 상의의 색상이다. 아우터의 색상에는 성격이 아닌 기능이나 타산적인 감정이 반영되기 쉽고 하의도 기능적인 영향을 받기 쉬운 아이템이다.

한편, 상의는 입고 있는 옷 중에서도 성격과 감정이 가장 잘 투영되는 것으로, 그날의 기분이 강하게 드러난다. 따라서 이 책에서는 상의의 색에 집중하여 소개한다. 상의의 색에서 읽을 수 있는 성격 경향과 분위기를 정리했다.

빨간색 옷

- 주목받고 싶다.
- 눈에 띄고 싶다.
- 자극을 원한다.

분홍색 옷

- 섬세하게 보이고 싶다.
- 귀엽게 보이고 싶다.
- 행복한 기분을 즐기고 싶다.

주황색 옷

- 부담 없이 사람들과 어울리고 싶다.
- 행동으로 나서고 싶다.

노란색 옷

- 재미있는 것을 하고 싶다.
- 새로운 것에 자극받고 싶다.

녹색 옷

- 평화롭게 살고 싶다.
- 피곤해서 쉬고 싶다.

파란색 옷

- 문제를 해결하고 싶다.
- 뭔가를 창작하고 싶다.

보라색 옷

- 남과는 다른 것을 하고 싶다.
- 사람들에게 존경받고 싶다.

검은색 옷

- 사람들의 비난을 피하고 싶다.
- 자신을 지키고 싶다.

흰색 옷

- 아름답게 보이고 싶다.
- 청초하고 젊게 보이고 싶다.

회색 옷

- 남일에 별로 관여하고 싶지 않다.
- 조용히 지내고 싶다.

넥타이 색에
대해서는
P.182에서

신발 색에서 해석한다

깊이 잠든 무의식을 투영

신발은 기능적인 아이템이다. 장소에 따라 신발의 종류도 색도 변화한다.

신발의 색만 보고는 성격을 파악할 수 없을 거라고 생각할 수도 있지만 발은 깊이 잠들어 있는 자신의 감정을 무의식적으로 투영한다. 신발의 색은 상대의 성격이나 기분을 파악하는 하나의 단서가 된다.

알기 쉬운 것은 빨간색, 베이지색, 녹색

예를 들어, 행동으로 옮기고 싶은 마음이 들 때 사람은 빨간 구두를 선택하는 경향이 있다. 또한 여성이 빨간색 힐을 신고 있다면 그것은 이성에게 자신을 봐 달라는 심리가 투영되어 있는 것일 수 있다. 새빨간 드레스를 입을 정도로 용기는 없지만 주목받고 싶은 강한 의지가 담겨 있다.

또한 베이지색 신발을 신고 있는 사람은 주위와 조화를 도모하고 있는 사람이다. 자신이 나서서 움직이지 않고 주위의 분위기에 따라 흘러가고 싶어 한다. 당장은 행동보다는 안정과 조화를 추구하려는 것으로 보인다.

녹색 신발을 선택하는 사람은 숨은 자신감을 갖고 있다. 특히 멋에 대해서는 마음 한구석에 자부심이 있다. 녹색 신발은 코디하기 어렵기 때문에 기본 아이템을 돌려가며 사용하지 않아도 될 만큼 많은 신발을 갖추고 있다고 추측할 수 있다. 자신의 패션 감각에 자부심이 높아 입은 옷을 칭찬하면 기뻐할 것이다.

신발 색에서 알 수 있는 것

빨간색 신발

- 행동하고 싶은 마음(스니커)
- 이성에게 주목받고 싶은 마음(힐)

베이지색 신발

- 조화를 이루려는 마음
- 분위기에 따르고 싶은 마음

녹색 신발

- 숨겨진 자신감 있는 사람
- 패션 의식이 높은 사람

신발 종류에서 알 수 있는 것

스니커

- 사교적인 성격
- 자유롭게 움직이고 싶다.

하이 힐

- 자신을 어필하고 싶다.
- 자신을 봐주기 바란다.

튼튼한 신발

- 자신의 마음을 지키고 싶다.
- 무의식으로 자기를 방어하고 있다.

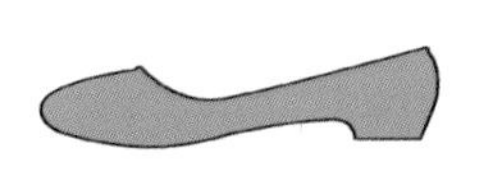

낮은 힐

- 주위에 휩쓸리지 않는다.
- 견실한 성격이다.

스마트폰 케이스에서 해석한다

소지품의 모양과 색으로 파악한다

하루 중 많은 시간 몸에 지니고 있는 스마트폰 케이스의 모양과 색에는 그 사람의 성격이 잘 나타나 있다. 우선 색상에 주목해 보자. 빨간색이나 주황색 계열의 케이스를 가지고 있는 사람은 평소에는 행동을 하지 않지만 마음속에는 행동으로 옮기고 싶어 하는 마음을 갖고 있을 가능성이 있다. 파란색 계열의 케이스를 가지고 있는 사람은 인간관계에 피곤함을 느끼거나 안정적이고 싶은 마음을 품고 있을 수 있다.

하늘색이나 연두색 같은 색은 창조적인 일을 하고 싶은 마음이 엿보인다. 검은색 케이스를 선택하는 사람은 다른 사람의 지시나 속박을 싫어하는 유형일 가능성이 높다.

케이스 모양에도 심리가 드러난다

수첩형 케이스를 사용하는 사람은 꼼꼼하고 약속을 많이 잡아 계획적으로 움직이려는 의향이 있는 사람이다. 또한 타인에게 보이고 싶지 않은 비밀이 있는 사람도 수첩형을 선호한다. 갑자기 수첩형으로 바꾼 사람은 알리고 싶지 않은 비밀이 생겼을 가능성도 있다.

캐릭터 케이스를 사용하고 있는 사람은 귀여운 것을 좋아할 뿐 아니라 자신도 귀여워지고 싶은 심리가 있을 수 있다.

케이스에 아무것도 붙이지 않은 사람은 겉보기에는 고집이 없는 사람 같지만 케이스를 장착하는 풍조에 휩쓸리고 싶지 않은 강한 집착의 표현이다. 신형 스마트폰을 자랑하고 싶거나 원래의 디자인을 중시하고 싶은 등의 강한 고집이 엿보인다.

스마트폰 색상에서 알 수 있는 것

빨강, 주황

• 뭔가를 하고 싶어 하는 마음이 숨겨져 있다.

파랑

• 인간관계에 지쳐 있다.
• 안정적 삶을 추구한다.

하늘, 연두

• 창조적인 일을 원한다.

검정

• 속박이 싫다.
• 사람들의 지시나 간섭에서 벗어나고 싶어 한다.

스마트폰 케이스의 모양에서 알 수 있는 것

수첩형

• 꼼꼼하다.
• 보이고 싶지 않은 비밀이 있을 수 있다.

캐릭터

• 귀여운 것을 좋아한다
• 귀엽게 보이기를 원한다.

케이스 없음

• 고집이 강하다.

색을 통해 사람의 성격을 해석한다

사람의 성격과 본심을 알아내는 힌트

질문, 옷, 신발, 소지품(스마트폰 케이스)을 통해 상대의 성격이나 감정을 어느 정도 간파할 수 있다. 지금까지 소개한 내용의 핵심을 총정리한다.

〔질문〕

성격을 알고 싶은 상대에게 직접 질문해서 좋아하는 색 또는 싫어하는 색을 듣게 된다면 어떤 성격인지를 예측할 수 있다.

반보성이라는 심리를 이용하여 대답을 유도하는 방법도 있다.

〔옷〕

옷은 성격뿐만 아니라 그날의 기분도 미루어 짐작할 수 있다. 성격과 기분에 대한 정보를 얻게 되면 상대가 어떤 상태인지를 쉽게 유추할 수 있다. 수수한 색상인지 화려한 색상인지, 검은색인지 흰색인지, 전체적인 코디네이트와 상의의 색상을 보면 보다 깊은 부분을 알아낼 수 있다.

〔신발〕

신발을 통해 그 사람의 심층 심리에 잠들어 있는 행동력, 숨겨진 감정 정보를 얻을 수 있다. 상대의 성격을 깊이 이해하는 단서가 된다.

〔스마트폰 케이스〕

어떤 모양인지, 무슨 색상인지를 보고 상대의 성격을 추측할 수 있다. 하루 중 많은 시간을 휴대하고 있는 스마트폰 케이스에는 그 사람의 성격이 잘 드러난다.

한눈에 사람을 간파하는 포인트

상대에게 좋아하는 색을 질문한다

싫어하는 색을 알아내도 좋다.

코디네이트

심층 심리가 반영되어 있다.

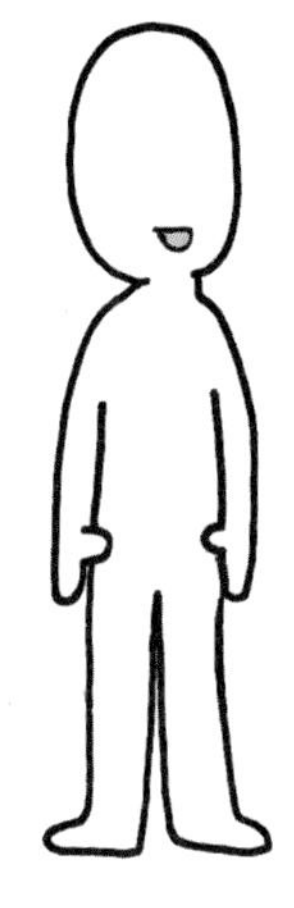

스마트폰 케이스

색상과 모양에서 성향을 알 수 있다.

상의

성격과 감정이 드러난다.

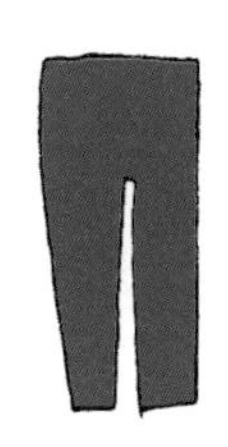

하의나 아우터

기능을 중시하기 때문에 성격이 드러나지 않는다.

신발

깊이 잠들어 있는 마음이 무의식적으로 투영된다.

사람을 움직이는 색채 심리술

원만한 교제에서 상대를 움직이는 관계로 발전

좋아하는 색, 싫어하는 색을 알면 그 사람의 성격을 파악할 수 있다. 성격을 이해하면 위해가 가해지는 것을 회피하거나 상대와 거리를 좁힐 수 있어 인간관계가 크게 개선된다. 그리고 사람들과 원만히 어울리는 것에서 한 걸음 더 나아가 상대를 움직일 수 있으면 인간관계로 인한 고민은 확 줄어든다.

기분과 감정을 움직이는 것

사람을 움직이기 위해서는 상대의 성격을 아는 것만으로는 부족하다. 성격은 기본적인 생각과 행동 패턴일 뿐, 그 바탕에 있는 것은 일시적인 마음의 상태인 감정이다. 그리고 감정보다는 조금 더 오랫동안 지속되는 마음 상태, 즉 기분이다.

심리적으로 보면 사람은 감정과 기분에 따라 행동하는 일이 많아 감정, 기분이 행동을 하게 되는 계기로 작용한다. 즉, 사람의 감정과 기분을 움직여서 사람을 원하는 대로 움직일 수 있다. 색채는 이런 감정과 기분을 움직이게 하는 효과적인 역할을 한다.

예를 들어, 선명한 푸른 하늘을 보면 기분이 좋아져서 오늘은 빈둥거리지 말고 뭐라도 해야겠다는 기분이 들기도 하고, 빨간색과 흰색의 세로무늬를 보면 기분이 들뜨기도 한다. 전 세계의 심리학자와 유심론자들이 사용하는 이른바 본격적으로 사람을 움직이는 기술을 구사하려면 기술과 연습이 필요하지만, 여기에서는 당장 사용할 수 있는 사람을 움직이는 색채의 심리술을 소개한다. 부디 악용하지 말기를 바란다.

색을 사용해 기분과 감정을 움직인다

사고와 행동의 기본

||

성격

- 어떤 사고 방식을 갖고 있는가
- 어떤 행동을 취하는가

사람을 움직이려면 성격만 알아서는 소용없어.

성격

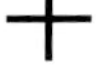

감정	기분
• 일시적인 마음의 상태	• 조금 길게 이어지는 마음의 상태

색의 힘이 작용해서 이 두 가지를 움직인다

사람을 움직이려면 감정과 기분을 움직이는 것이 중요해. 색은 감정과 기분을 움직이는 데 효과적인 역할을 하지.

상대가 'No'라고 말하지 못하는 블랙 헤일로 효과

지위가 높은 사람은 키가 큰 사람?

우리는 글씨를 예쁘게 쓰는 사람을 보면 왠지 인품도 뛰어날 거라는 선입견을 갖는다. 실제로 글씨를 잘 쓰고 못 쓰고는 그 사람의 인격과는 직접 관계가 없다. 이렇듯 사람들은 상대의 내면을 냉정하게 분석하지 않고 외모를 보고 무의식적으로 평가하는 경향이 있다. 이를 헤일로(후광) 효과라고 한다.

헤일로 효과의 하나로 키가 큰 사람은 능력이 뛰어나다고 착각하는 심리가 있다. 미국의 한 실험을 통해 사회적인 지위가 높은 사람일수록 신장이 크다고 생각하는 사람이 많다는 사실을 알게 됐다.

색의 마술로 키를 늘린다?

헤일로 효과를 이용해서 키가 커 보이게 하면 상대는 위축되어 요구를 쉽게 들어준다고 한다. 자세를 바로잡는 방법도 있지만 색의 마술을 이용하여 키를 커 보이게 하는 방법도 있다. 하의에 검은색, 감색과 같은 어두운 색상을 입고 상의나 상체의 포인트 색상에는 밝은 색을 사용하는 것이 좋다. 그러면 시선을 위로 집중시켜 키가 커 보이게 한다.

또 브이넥에 가는 스트라이프 무늬의 상의는 말끔하고 길어 보인다.

직업상 정장을 입어야 하는 사람은 검은색 계열의 슈트를 선택하여 몸에 딱 맞게 입으면 깔끔해 보인다. 검은색은 힘을 과장하는 색이기도 한다. 블랙 헤일로(후광) 효과의 영향으로 상대는 'No'라고 대답하지 않고 당신의 주장을 그대로 받아들일 것이다.

블랙 헤일로(후광) 효과

헤일로 효과에는 키가 큰 사람을 능력이 뛰어나다고 착각하는 심리가 있어.

심리를 움직이는 오렌지 셰이크핸드 효과

굳이 싫어하는 상대와 접촉한다

남이 싫어하는 짓을 굳이 하는 사람은 어디에나 있다. 달리 피할 방법이 없다면 상대와 신체적 접촉을 하는 방법이 효과적이다.

사람은 신체적으로 접촉한 상대에게 좋은 사람이라는 감정을 가진다. 여성은 친해진 상대와 스킨십을 하고 싶어하는 반면 남성은 친해지기 위해 스킨십을 하려는 성향이 강하다.

싫어하는 상대와 접촉하는 것 자체에 거부감이 들 수 있지만, 이것은 매우 효과적이며 뇌신경 과학 분야에서도 그 효과가 입증되었다. 정치인들이 선거 활동을 하면서 악수를 하는 것도 악수의 심리 효과를 노린 것으로 알려져 있다.

주황색의 힘을 빌린다

예를 들어 싫어하는 상대에게 말을 걸거나(공통의 취미, 공통의 적에 대한 이야기 등이 좋다), 이야기 끝에 악수를 청한다.

그때 더욱 더 전략적으로 색의 힘을 사용할 거라면 주황색 셔츠나 넥타이 등 주황색 물건을 몸에 걸치면 효과적이다. 주황색은 동료 의식을 높여주는 색이기도 한다.

주황색 옷을 입고 악수를 하면 상대는 '이 사람은 좋은 사람일 것 같다'고 여겨 호의를 베풀 것이다. 이것이 오렌지 셰이크핸드 효과이다. 그러나 악수를 요구하는 것은 입장과 관계에 따라 상대방에게 불쾌감을 줄 수도 있으니 때와 장소를 가리는 것이 중요하다.

악수 하나로 관계가 변한다?

거북한 사람끼리 악수를 하면 상대를 좋은
사람이라고 착각하는 심리가 있다.

오렌지 셰이크핸드 효과

여성이라면 주황색 상의, 남성이라면 주황색 셔츠나 넥타이를 착용하면 효과적이야. 주황색은 동료 의식을 높이는 따뜻한 색이지.

상대의 마음을 열다 ❶ 컬러 미러링 효과

상대에게 사랑받는 3대 원칙

사람은 누구나 다른 사람으로부터 사랑받고 싶어 한다. 그렇다고 해도 생각처럼 쉽지는 않다. 직장에서도 상대가 마음을 열어주지 않아 거북할 때도 있을 것이다.

사실 상대로부터 사랑받는 3대 원칙이 있다.

① 자주 얼굴을 보일 것(단순 접촉의 원리)

② 상대의 근처에 있을 것(근접 요인)

③ 상대에게 자신을 제대로 알릴 것(숙지성의 법칙)

또 하나의 핵심은 상대의 말과 행동을 흉내 내는 미러링이라는 심리 기술이 있다. 상대의 어투, 표정, 몸짓(다리의 움직임, 손의 위치) 등을 흉내 내고 같은 타이밍에 웃는 등의 행동을 취해본다. 그러면 상대는 무의식적으로 친근감을 갖게 되어 마음을 연다.

미러링에 색의 효과를 플러스

만약 당신이 상대가 원하는 색을 알고 있다면, 또는 상대가 특정 색상의 옷을 입고 오는 사람이라면 같은 색상의 옷을 입어보자. 같은 색상의 옷을 입었다는 사실만으로도 상대와의 거리를 단숨에 좁힐 수 있다. 같은 취미를 가졌다는 사실을 알게 되면 친근감이 들어 왠지 모르게 편안한 상대라는 느낌을 줄 것이다.

색에는 무의식에 강하게 작용하는 효과가 있어 컬러 미러링 효과를 활용하면 상대의 마음은 열릴 것이다.

미러링 효과

상대가 팔짱을 끼면 당신도 끼고, 상대가 뺨을 만지면 당신도 만진다.

어투, 표정, 몸짓(다리의 움직임, 손의 위치) 등을 상대에게 맞추면 자신에 대한 상대의 호감도가 높아진다.

컬러 미러링 효과

상대의 색상 취향과 자주 입는 옷의 색상에 맞춰 코디하면 상대와의 거리가 좁혀지지. 평소 상대가 즐겨 입는 옷의 색상에 관심을 가져보자.

상대의 마음을 열다 ② 핑크 디스클로저 효과

자기 공개의 반보성으로 친밀감을 준다

상대의 마음을 효과적으로 여는 방법이 또 하나 있다. 쉽게 마음을 열어 주지 않는 상대에게 먼저 내 쪽에서 마음을 여는 것이다.

예를 들어 자신의 취미, 가족, 직업, 성격, 꿈 등을 상대에게 고백하는 자기 공개가 있다. 친하지 않은 상대에게 자신의 성격이나 꿈에 대해 이야기하는 것은 조금 부끄러울지도 모르지만, 자기 공개를 하면 상대와의 친밀도를 높일 수 있다. 상대가 비밀 이야기를 해주면 자신도 같은 정도의 비밀을 이야기하고 싶은 감정이 생긴다. 이것을 자기 공개의 반보성이라고 한다. 어느 학교에서 자기 공개에 대해 조사한 결과, 학생들에게 적당한 자기 공개를 한 교사가 학생들과 거리가 더 가까운 것을 알 수 있었다.

자기 공개와 분홍색으로 보호 욕구를 자극한다

이 기술은 모든 상황에서 응용할 수 있다. 또한 색채 심리의 힘을 빌리는 방법도 있다. 사람에게는 보호 욕구라고 해서 상대를 지켜주고 싶은 본능이 있다. 그리고 분홍색에는 상대의 보호 욕구를 자극하고 강화하는 심리 효과가 있다.

예를 들어, 업무를 하면서 상대의 힘을 빌리고 싶은 상황이 되었다고 하자. 그럴 때는 분홍색 상의나 넥타이를 매고 정중한 태도로 '실은 이런 곤란한 일이 있어서(자기 공개) 상의하고 싶다'라고 말하면 핑크 디스클로저 효과에 의해 대다수의 사람들이 딱 잘라 거절하지 못하고 마음을 연다.

자기 공개의 반보성

꺼내기 어려운 개인적인 이야기를 하면 상대도 비슷한 내용의 이야기를 하고 싶은 심리가 생긴다. 이것을 자기 공개의 반보성이라고 한다.

핑크 디스클로저 효과

분홍색 옷, 분홍색 넥타이 등을 몸에 걸치고 자기 공개를 하면서 상담을 청한다. 그러면 상대의 보호 욕구를 자극하여 마음을 연다.

주도권을 잡는 레드 임프레션 효과

첫 만남에서 옷 색상이 중요한 이유

인간관계에서 가장 중요한 것은 첫 대면. 첫 만남에서 이 사람은 잘 한다, 이 사람은 재미있다는 인상을 심어주면 두고두고 좋은 기억으로 남는 효과가 있다. 첫 만남에서 신뢰감이나 인간적인 매력을 어필할 수 있으면 상대와의 관계에서 주도권을 잡을 수 있다.

사람은 상대가 하는 말의 내용을 신경 쓰기 마련이지만, 심리 연구에서는 말의 내용보다 몸짓과 자세, 태도(시선, 목소리 등)가 사람의 인상을 형성하는 데 중요하다고 한다. 그리고 가장 중요한 것은 외모이다. 차림새(몸가짐), 옷맵시 등이 사람의 인상을 결정짓는 중요한 요소가 된다.

따라서 첫 대면 때 어떤 색의 옷을 입고 있는지가 중요하다. 업무에서 신뢰감과 일을 맡을 수 있는 능력이 있음을 연출하고 싶다면 검은색, 감색과 같은 어두운 계열의 옷이 효과적이다. 또한 강한 인상을 남기려면 색을 이용해 포인트를 주면 좋다.

빨간색으로 행동력과 의욕을 어필

강한 의지나 행동력을 어필하려면 빨간색 넥타이, 손수건, 소품에 상대의 시선이 자연스럽게 머물게끔 하는 것이 효과적이다. 레드 임프레션 효과는 무의식적으로 상대에게 각인될 뿐 아니라 상대의 기억에 강하게 남는 효과가 있다. 신뢰할 수 있는 사람이라고 여겨지고 싶을 때는 다소 밝은 파란색을 포인트 색으로, 상대의 호기심을 자극하려면 노란색을, 조화와 조정을 중요하게 생각하는 상대에게는 녹색이 효과적이다.

사람의 인상이 형성되는 메커니즘

제1단계

얼굴
머리 모양
복장
체형

제2단계

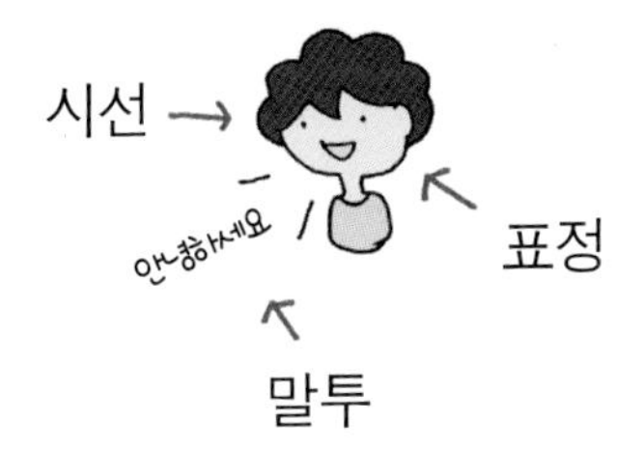

제3단계

가장 먼저 외형적인 정보의 영향을 받는다. 다음은 감정이나 흥미 등의 정보를 짐작해서 상대의 인상을 구축한다.

레드 임프레션 효과

처음 사람을 만날 때는 강한 의지를 빨간색을 이용하여 원 포인트로 강조함으로써 상대에게 인상을 남기자. 그러면 상대와의 관계에서 주도권을 잡을 수 있지.

상대의 마음을 이완시키는 런천 테크닉

맛있는 음식으로 이야기를 유리하게 끌고 간다

맛있는 음식을 먹으면 사람은 기분이 좋아진다. 기분이 좋은 상태에서는 상대의 이야기에 쉽게 공감이 가서 상대의 요구를 받아들일 확률이 높다. 심리학에서는 이를 런천 테크닉(Luncheon Technique)이라고 한다. 미국의 심리학자 그레고리 라즈란의 실험에서 사람들을 모아놓고 정치적 소견을 피력했다.

설명 중간에 식사가 나오고 식후에 참가자들에게 자신의 의견에 대해 물었는데, 식사를 하기 전보다도 식사를 한 후에 더 호의적인 태도를 보인 참가자가 많았다고 한다.

은밀한 분위기의 방을 추천하는 이유

더 자세히 말하면 함께 먹는 것은 코스 요리를 추천한다. 그것도 특별히 따로 마련된 별실이 가장 좋다. 드라마를 보면 정치인이 요정 같은 은밀한 분위기의 장소에서 밀담을 나누는 장면이 자주 눈에 띄는데 별실에는 말이 새지 않는 효과가 있을 뿐 아니라 심리적인 기능이 있는 것으로도 알려져 있다. 별실은 색채 심리의 관점에서 평가하면 매우 뛰어난 배색 구조를 가지고 있다.

베이지 색이나 연두색 벽, 목조 기둥의 색은 근육 긴장도를 나타내는 라이트 토너스(Light Tonus) 값이 낮아 사람의 근육이 이완되어 편안하다고 느낀다. 또한 이들 색은 반사율이 약 50%인데, 동양인의 피부색 반사율도 약 50%이므로 친숙하다. 부탁할 일이 있을 때는 맛있는 즐거움에 휴식의 효과가 더해지는 런천 테크닉을 추천한다.

런천 테크닉

평소 요청하면 거절할 만한 내용이라도…

식사를 하면서 부탁을 하면 쉽게 받아들이는 심리가 있다.

별실의 심리 효과

또 별실(별실에 있을 때에 눈에 보이는 것)의 색상이 릴랙스 효과를 높여준다. 누군가에게 부탁이 있다면 별실에서 식사를 하면서 말하는 것이 효과적!

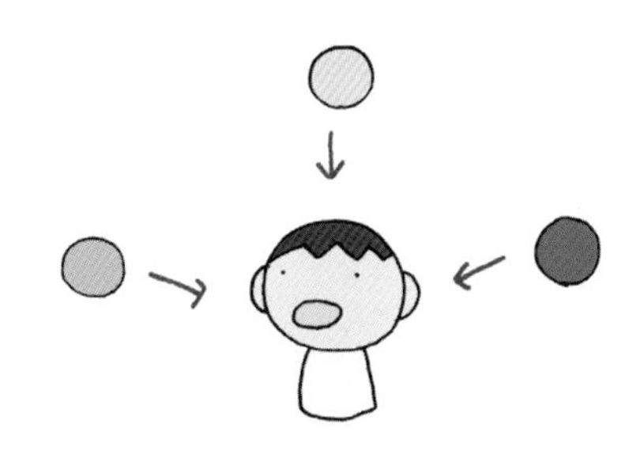

별실에서 사용되는 색은 라이트 토너스 값이 낮아 편안함을 느낀다.

회의에서 의견을 통과시키는 파이브 레드 효과

제안을 통과시키는 방안

제안을 해도 번번히 거절당한다. 직장에서 회의나 경우에 따라서는 가정에서도 흔히 있는 일이다. 제안할 내용을 논리적으로 정리해서 회의 결재자(가정이라면 결정권을 갖고 가족)의 주관에 의해 자신의 의견이 거절당하지 않도록 하는 것이 중요하다. 자신의 감각이나 주관에 따라 결정하는 상대를 자극해 마음을 움직이게 하는 것은 결국 열정이다.

빨간색을 다섯 명에게 입힌다

자신의 열정을 표현하고 상대를 설득할 때 효과가 있는 것은 빨간색의 힘이다. 남성이라면 검은색 계열의 슈트에 빨간색 넥타이, 여성이라면 원 포인트로 빨간색 손수건이나 빨간색 소품을 이용하여 눈에 띄도록 연출한다. 대조 효과를 극대화하려면 빨간색 비중을 줄여 옷을 배경색처럼 꾸미는 것이 요령이다.

역대 미국 대통령들이 자신의 강한 의지를 심어주기 위해 취임식에서 빨간색 넥타이를 사용하는 것은 색채 심리의 세계에서는 유명한 이야기이다. 또한 중요한 회의를 앞두고 사전 교섭 차원에서 자기편을 만들어 두면 'No'라고 말하기 어려운 상황을 이끌어낼 수 있다. 일례로, 과연 동조 행위는 몇 명에 의해서 일어나는지를 알아보는 실험을 통해 다섯 명이 같은 행동을 취하면 동조자가 훨씬 늘어난다는 사실을 알게 됐다. 사전에 자신에게 찬성하는 사람 다섯 명을 만들어 놓고 각각 붉은색 원 포인트를 몸에 착용한 다음 회의석상에서 찬성의 뜻을 표시하면 의견을 무시할 수 없는 상황을 만들 수 있다. 파이브 레드 효과는 다양한 상황에서 응용할 수 있다.

의견을 관철시키기 위해 가장 중요한 것은?

자신의 의견과 방안을 통과시키는 데 가장 중요한 것은…

의견이나 방안을 통과시키겠다는 강한 열정이 있다면 상대에게 전달될 것이다.

파이브 레드 효과

열정도 중요하지만 회의석상에서는 자기 의견에 찬성하는 사람 다섯 명을 확보해 두는 것이 중요하다. 그리고 다섯 명 각각에게 붉은색 원 포인트(넥타이 등)를 연출시키면 의견을 무시할 수 없지.

화난 상대를 진정시키는 블루 앵거 컨트롤

색과 심리 기법으로 분노를 억제한다

업무에서나 사생활에서나 때로는 상대를 화나게 할 수도 있다. 사람의 분노라는 감정은 매우 강하기 때문에 색의 효과만으로 억누를 수는 없다. 심리 기법을 적절히 가미하면 억제 효과를 높일 수 있다.

우선, 상대가 화나 있는 경우 '진정해', '이제, 그만'과 같은 말은 하지 않는 게 좋다. 상대는 화를 내는 자신에게 잘못이 있다는 말투에 오히려 폭발할지 모른다.

자신에게 잘못이 있다면 정중하게 사과하고, 상대가 제3자에게 화가 나 있다면 '화난 기분 이해한다'며 먼저 상대의 말에 긍정하는 것에서 시작한다. 사과를 할 때도 그저 미안하다는 말을 반복할 것이 아니라 구체적으로 '내가 ○○했기 때문에 당신의 ○○라는 생각을 가볍게 대했다'와 같이 자신의 행동을 반성하는 것과 더불어 상대의 감정을 무시한 것을 진지하게 사과하면 상대에게 진심이 전해질 것이다.

사과할 때는 진한 감색 옷을 추천한다

사과를 해야 하는 자리에는 파란색 옷, 그것도 진한 파란색 옷이 효과적이다. 구체적으로는 파란색 넥타이, 감색 계열의 슈트가 좋다. 파란색은 감정을 온화하게 진정시키는 효과가 있고 진한 파란색은 성의가 느껴지는 색이라고 한다. 검은색 옷도 나쁘지 않지만 자신을 보호하는 색이므로 상대로부터 도망치고 있는 듯한 느낌을 갖게 할 수 있다. 분홍색도 경쟁을 억제하는 효과가 있지만 분홍색 옷을 입고 사과를 한다면 상대의 감정을 거슬리게 할 뿐이다.

진한 파란색은 진정 효과와 성실한 기분의 표현

분노는 강한 감정이므로 색의 효과만으로 억누르는 것은 꽤 어렵다. 그러나 심리 기법을 적절히 가미하면 억제 효과를 낼 수 있다.

진한 파란색, 감색에는 진정 효과가 있고 성실한 감정을 표현할 수 있기 때문에 사과할 때 추천한다.

분홍색도 다툼을 억제하는 효과가 있지만, 분홍색 옷은 상대에게 성의가 없어 보일 수 있어.

상대가 사랑에 빠지게 하는 컬러 임프레션 효과

어떤 옷을 입고 데이트하러 갈까?

데이트를 하러 갈 때 어떤 옷을 입고 갈지는 연애를 하는 사람에게 큰 고민이다. 입고 갈 옷은 디자인도 중요하지만 색상에도 신경을 써야 한다. 색에 대한 기억이 그 사람의 이미지로 남는 경우가 많기 때문이다. 상대에게 어떤 이미지를 남기고 싶은지에 따라 색을 선택하면 연애 성공 확률이 높다. 이러한 색의 전략, 컬러 임프레션 효과를 이용하여 자신의 인상에 대한 호감도를 높이자.

첫 데이트 추천 색과 비추천 색

첫 데이트에서 예감이 좋았다고 해도 안심하는 것은 아직 이르다. 여러 번 만나는 과정에서 전체적으로 좋은 인상을 심어주는 것이 중요한다.

첫 데이트(두 번째도 가능)에서 추천하는 색은 역시 분홍색이다. 귀여운 여성의 이미지를 남기고 싶다면 연한 핑크색이다. 분홍색은 보호하고자 하는 남성의 보호 욕구를 자극하는 색이다. 상대에게 강한 인상을 남기려면 같은 분홍색이라도 붉은 빛이 감도는 색을 선택하기 바란다. 시간이 지날수록 상대의 마음속에 당신의 인상이 새록새록 되살아날 것이다.

주황색으로 우선은 친구로 친해질 수 있는 거리를 유지해도 좋다.

반대로 첫 데이트에서 피해야 할 옷의 색상은 검은색과 흰색이다. 검은색은 상대를 거절하는 느낌도 있고 흰색은 차가운 인상을 줄 위험이 있다.

두 번째, 세 번째 이후의 데이트에서는 자홍색에 가까운 색으로 관능적으로 자극하거나, 밝고 선명한 파란색으로 순수한 인상을 주는 전략도 생각할 수 있다.

데이트 성공률을 높이는 슈트의 색채 심리술

첫 번째, 두 번째 데이트 추천 색

첫 데이트에서
피해야 할 컬러는?

- 검은색 옷 : 상대를 거절한다.
- 흰색 옷 : 청초한 이미지를 줄 수도 있지만 차가운 인상을 줄 위험도 있다.

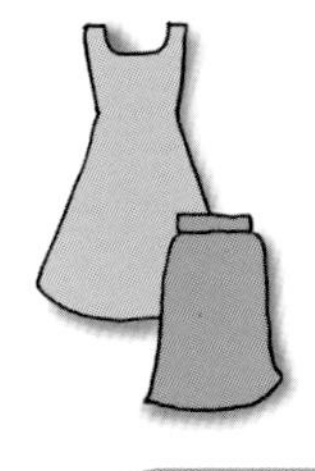

분홍색 계열

연한 핑크색은 상대의 비호욕을 자극하고 지켜주고 싶은 마음이 들게 한다.

주황색 계열

먼저 친구 관계로 친밀한 거리를 유지한다. 친구 관계부터 시작하고 싶을 때!

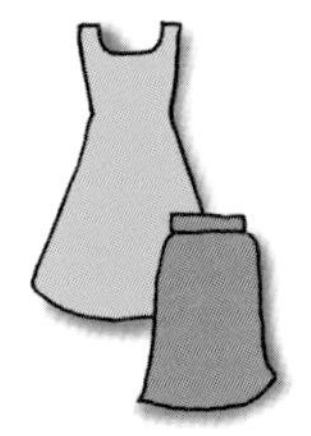

두 번째, 세 번째 이후의 데이트 추천 색

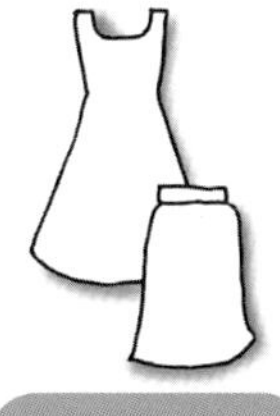

흰색 계열

청초한 인상을 주어 단숨에 연애 감정을 높이는 효과가 있다.

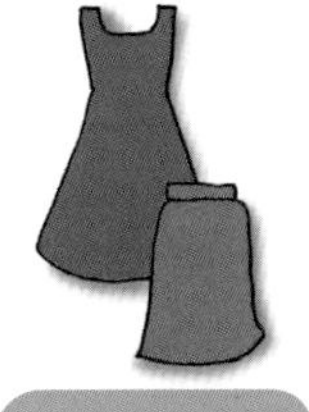

빨간색 계열

사랑이 진전되기를 노린다면 빨간색 계열을 추천한다. 특히 자홍색에 가까운 색으로 관능적으로 자극한다.

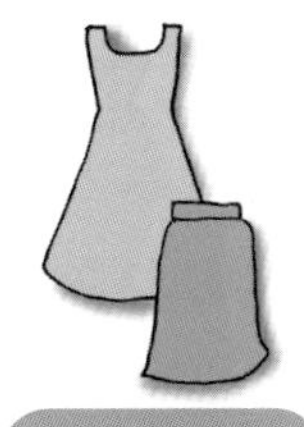

파란색 계열

파란색 중에서도 밝고 선명한 파란색은 순수한 인상을 줄 수 있다.

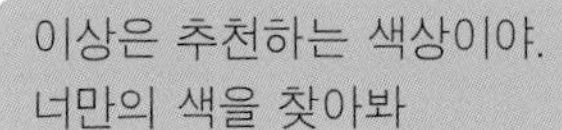

Column

넥타이 색상과 모양으로 보는 상대의 성격

상대의 성격과 감정은 넥타이 색상으로도 파악할 수 있다. 그러나 많은 남자들이 넥타이를 선택할 때 색상에 무심한 경우가 많은 만큼 큰 의미를 두는 것은 무리가 있을 것 같다. 일상적으로 빨간색 계열의 넥타이를 한 사람에게는 의욕이 느껴진다. 사람들 앞에서 발표하는 등의 특별한 장소라면 강한 의지가 느껴진다. 노란색 계열의 넥타이는 즐거운 기분에 긍정적인 마음가짐이, 녹색 계열의 넥타이라면 조화의 마음과 겸손한 의지가 보인다. 보라색 계열의 넥타이를 하는 패기 넘치는 사람은 남들과는 다르다고 어필하는 의지가 담겨 있다고 볼 수 있다.

또한 넥타이에는 스트라이프, 도트, 잔무늬, 체크 등의 무늬가 있다. 페이즐리, 기하학, 추상적 무늬의 넥타이를 하고 있는 사람은 주목받고 싶은 성격이 내면에 있을 가능성이 높다. 넥타이의 무늬 색상과 셔츠의 스트라이프 색이 어울리는 사람은 꼼꼼하고 사람들에게 어떻게 보이는지를 의식하며, 승인 욕구가 강한 성격이라고 추측된다.

3장

색의 힘으로 자신을 변화시킨다

성격은 소중한 당신의 개성이다. 무리하면서까지 바꿀 필요는 없지만, 만약 원하는 성격이 있다면 색의 힘을 빌려서 성격을 변화시킬 수 있다. 3장에서는 색의 힘으로 자신을 바꾸는 방법을 소개한다.

색의 힘으로 성격을 바꿀 수 있다

역할에 따라서 성격은 변화한다

성격이란 것은 하루아침에 바꿀 수 없다고 생각한다. 그러나 사실 그렇지 않다.

예를 들어, 직장에서 후배가 생기면 선배답게 행동하려고 하거나, 부모로부터 여성스러움을 강요받으며 성장하면 자기의 본모습을 억제하고 여성스러운 여성을 연기하려고 한다.

직장에서는 직장의 역할이 있고, 집에 돌아가면 남편, 아내, 부모, 자녀 등 가족 구성원으로서의 역할이 있다. 이처럼 사람은 역할에 따라서 성격이 변화한다.

색의 힘으로 성격은 바뀐다?

지금의 자신을 무리하게 변화시킬 필요는 없지만, 만약 당신이 원하는 성격으로 바뀌고 싶다면 색의 힘을 빌리는 것도 좋다.

색채가 성격을 변화시키는 이유는 다음 3가지로 생각된다.

① 색은 사람의 표층 의식뿐 아니라 무의식의 심층 심리에 강하게 작용하는 효과가 있다. 심층 심리에서 생각의 변화가 일어난다.

② 성격 개선에 필요한 것은 환경의 변화. 새로운 환경으로 바꾸면 감각이나 사고방식이 전환되는 계기가 된다. 색의 힘을 사용하면 자신 안의 새로운 변화를 이끌어낼 수 있다.

③ 어떤 사건에 대한 반응이 변화하면 대응 습관(반응 패턴)이 달라진다. 반응의 변화를 색이 도와준다.

색을 활용하면 원하는 성격으로 바꿀 수 있다!

만약 지금 당신이 '좀 더 이렇게 되ㅇ고 바라는 성격이 있다면…

↓

색의 힘을 빌려 성격을 고쳐보자.

잠재의식에 작용할 성격 변화를

❶

색은 잠재의식에 작용한다. 색을 사용하면 마음속에서 변화가 일어난다.

❷

성격을 바꾸려면 환경에 변화를 주는 게 효과적이다. 환경에 색을 사용해서 색다른 느낌을 내면 좋다.

❸

같은 말을 들어도 화를 내는 사람이 있고 침착한 사람이 있다. 반응을 바꾸면 성격에도 변화가 생긴다. 성격→반응이 아니라 반응→성격도 가능하다. 반응을 바꾸는 데 색이 도움 된다.

성격도 변하고 색의 취향도 변한다

변화하는 색 취향과 성격

색 취향이 변화하는 것에서 자신의 성격이 변화하는 것을 느낄 수 있다.

예를 들어, 검은색을 즐겨 입는 직장 여성이 결혼해서 아이를 낳고 나면 분홍색이나 하늘색이 좋아지는 것은 드문 일은 아니다. 예전보다 성격이 온화해졌기 때문에 부드러운 색이 좋아진 것일 수도 있고, 부드러운 색을 접하다 보니 성격이 온화해진 것일 수도 있다.

또 녹색을 좋아했던 학생이 독신생활을 하면서 주황색이나 빨간색 등을 좋아하다 보니 활달한 성격으로 변하는 경우도 있다. 이것 역시 활달한 성격으로 변화해서 주황색이나 빨간색이 좋아진 것일 수도 있고 그 반대일 수도 있다. 이처럼 취향과 성격은 서로 영향을 주고 받는다.

정반대 색을 좋아하게 되면?

일반적으로 색의 취향은 파란색 → 청록색 → 연보라색과 같이 차가운 색 계열의 변화와 노란색 → 녹색 → 빨간색과 같이 따뜻한 색 계열 내에서 변화하는 패턴을 많이 볼 수 있다. 그런데 파란색에서 갑자기 빨간색이 좋아지거나 주황색에서 청록색이 좋아지는 등 갑작스럽게 기호가 바뀌는 일도 있다. 이것은 성격이 정반대가 되는 게 아니라 변화를 추구하는 자연스러운 현상으로, 자신에게 부족한 부분을 보완하는 행위로 볼 수 있다. 자신의 색 취향은 어떤지 되돌아보고, 성격의 변화에 대해 생각해 보는 것도 자신을 이해하는 의미에서 중요한 과정이다. 다음 항목에서는 원하는 성격별로 가까이 하면 좋은 색을 소개한다.

변화하는 색 취향과 영향

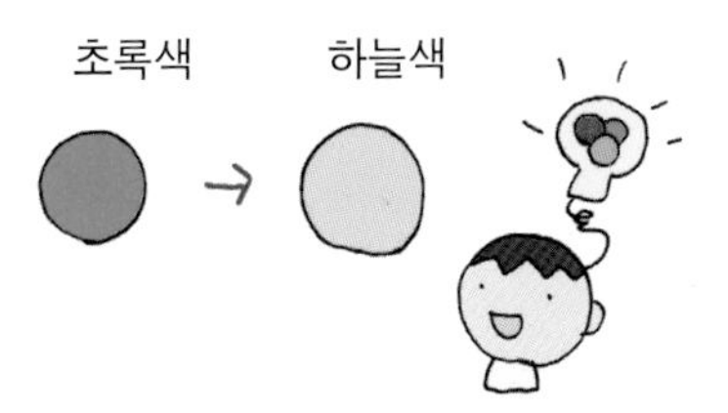

창조적인 일이 좋아지면서 하늘색이 마음에 들기도 한다.

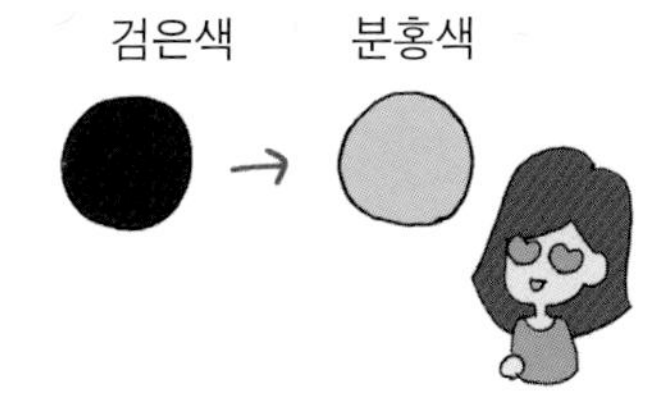

사랑을 하면 분홍색이 좋아지기도 한다.

성격이 바뀌어서 색의 취향이 바뀌기도 하고 색의 취향이 바뀌어서 성격이 바뀌기도 하지.

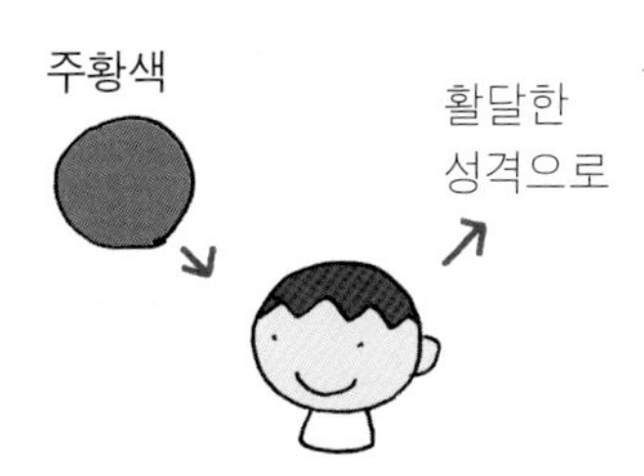

반대로 주황색이 좋아져서 활달한 성격으로 바뀌었을 수도 있다.

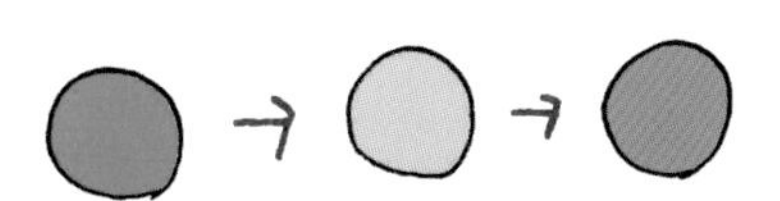

색의 취향은 변화한다. 색의 취향이 변함에 따라 자신의 성격이 어떻게 변화하는지를 살펴보기 바란다.

자신감을 갖고 싶을 때

자신감이 없는 사람에게는 지금이 기회다!

자신감이 없는 이유가 '나는 마음이 약한 사람'이니 '아무것도 잘 하는 게 없는 사람'이니 자기혐오에 빠져 있기 때문은 아닐까? 오히려 자신이 없는 사람이 매사에 신중하게 임하고 겸손한 마음을 가질 수 있다. 그런 성격의 사람이 자신감을 얻으면 근거 없이 자신감 많은 사람보다 훨씬 강한 사람이 된다.

자신감 넘치는 사람이 흔히 저지르는 부주의로 인한 실수나 우격다짐으로 밀어붙이지 않고 매사 신중하고 확실하게 추진해 나갈 힘을 얻을 수 있기 때문이다. 지금 당신에게 자신감이 없다면, 그것은 기회이다.

빨간색을 몸에 걸치고 자기 성취 예언

자신감의 근원이 되는 것은 긍정적인 사고의 확신이다. 긍정적인 사고방식을 가지려면 빨간색의 힘을 빌리면 도움이 된다. 빨강을 보면 열정적으로 달리는 힘이 생겨 자신감이 넘치고 행동적인 성격으로 변한다.

빨간색을 사용할 거라면 스마트폰 케이스나 손수건 같은 친숙한 물건이 좋고 빨간색 옷이나 넥타이도 괜찮다.

또한 효과를 높이려면 자기 암시를 건다. '나는 할 수 있어, 실패하지 않아, 잘 될 거야'라고 거울 앞에서 빨간색 물건을 몸에 걸친 자신을 향해 외쳐본다. 동시에 성공하는 장면을 머릿속으로 상상하는 것도 중요하다. 그러다 보면 어느새 자신은 원래 그랬어야 한다고 굳게 믿어 무의식적으로 변화할 수 있다. 이것을 심리학에서는 자기 성취 예언이라고 한다.

자신감을 갖기 위한 확신

자신감 넘치는 타입. 부주의로 인한 실수가 의외로 잦다.

자신감의 근본은 경험이나 준비. 하지만 가장 중요한 것은 '할 수 있다'고 믿는 확신이다. 성공할 거라는 믿음을 가질 것!

자신감 없는 타입. 자신감을 가지면 대단하다!

빨간색의 힘과 자기암시로 성공을 그려본다

자신감을 가지려면 빨강이 가진 힘이 효과적이지.

빨간색 물건이나 옷을 입으면 무의식적으로 버팀목이 된다.

자기암시를 통해 할 수 있다는 성공을 상상한다.

초조해하지 않는 성격을 바랄 때

초조함의 원인은 예측과 현실의 차이

매사에 초조해하는 사람이 있다. 원인은 자신의 뜻대로 되지 않는 것에서 기인하는 바가 크다. 다시 말해 무의식적으로 생각하고 있는 예측(이상)과 현실의 차이가 문제이다. 편의점 계산대에 사람이 길게 늘어서 있기만 해도 초조해하는 사람은 편의점 계산대에서는 줄을 서지 않는 것이 당연하다고 생각하고 있지 않은지 생각해 보자. 편의점도 시간대나 지역에 따라 혼잡할 수도 있다고 생각하면 초조함이 덜할 수 있다.

편의점 계산대는 비어 있고, 부하 직원은 지시대로 움직이고, 사람으로 붐벼도 바로 계산할 수 있을 거라고 생각하는 이상적 기준을 조금 낮추기만 해도 초조한 마음은 줄어든다.

파란색으로 사려 깊고 지적으로 변화

동시에 색의 힘을 이용해서 초조해하지 않는 성격으로 바꿔 보자. 효과적인 색은 파란색이다.

파란색을 좋아하도록 노력해 보고, 파란색 물건을 지니거나 파란색 옷을 입어보자. 파란색을 중심으로 하되 다소 밝은 파란색이나 하늘색도 효과는 있다. 파란색은 감정을 진정시키는 효과가 있다. 충동적으로 행동하지 않고 조화와 협력을 소중히 한다. 사람에 대해 별다른 분노의 감정을 품지 않게 될 것이다.

또한 앞으로 적극적으로 나아가는 힘을 빌리는 방법도 있다.

파란색은 사람을 사려 깊고 지적으로 변화시키는 심리 효과가 있다. 예측의 범위를 넓힐 수 있고 초조해하는 원인을 분석하는 능력이 길러진다.

무의식중에 초조해지는 원인은?

초조함은 예측(이상)과 현실의 갭으로 인해 생기는 경우가 많아.

편의점 계산대는 붐비지 않아야 하고, 혼잡하면 다른 점원이 바로 올 거라고 믿고 있다.

파란색의 효과와 예측과 원인을 분석

진정 효과

초조함을 진정시키는 데는 파란색이 효과적이다.

계산대는 혼잡하지 않다. → 계산대는 때로 혼잡하다.

밝은 파란색은 앞으로 나아가게 하는 색이다.

예측의 폭을 넓힌다.

또한 파란색은 감정을 진정시켜 준다.

거짓말을 하지 않는 성격이 되고 싶을 때

거짓말은 어떻게 하느냐가 문제

어릴 적부터 거짓말을 해서는 안 된다는 말을 들으며 자란다.

그렇다고 모든 사람이 거짓말을 안 하는 것은 아니다. 사회에 나오면 진실을 말하는 것이 반드시 좋은 것만은 아닌 상황도 있다. 거짓말로 사람을 격려하거나 성장을 이끌어야 할 필요도 있다. 허영심이나 합리화하고 싶은 마음에서 하는 거짓말은 자신을 잘 보이고 싶고 자신을 지키고 싶은 마음에서 비롯된 것으로, 어느 의미에서는 사람을 성장시킨다고도 할 수 있다. 문제는 거짓말을 하는 방법이라고 생각한다.

감색으로 성실한 마음을 키운다

거짓말을 하는 이유 중 하나는 바로 허영심 때문이다. 사실 허영심의 배후에 있는 것은 열등감이다. 남보다 열등하고 초라한 자신을 인정하고 싶지 않은 마음에 거짓말을 하는 것이다.

따라서 노력을 통해서 자신감을 가지면 열등감은 조금씩 사라지고 거짓말을 해야 할 필요성도 줄어든다. 열등감으로부터 자신을 보호하고 성실한 마음을 키우려면 감색과 같은 진한 파란색 계열의 색상을 사용해 보자. 감색 계열의 색상을 가까이 하고 감색 계열의 색상을 좋아하게 되면 뛰어난 판단력과 지혜를 갖게 돼 거짓말을 할 필요가 없어질 것이다.

거짓말을 하는 이유는?

허영심의 배후에 있는 것은 열등감. 거짓말로 자신을 높이려고 하지.

배후에 있는 것은…

열등감

잘 보이고 싶다 → 허영심

거짓말을 하는 주요 원인 중 하나는 허영심이다.

감색의 힘으로 열등감을 극복하는 방법

감색의 힘

- 뛰어난 판단력과 지혜
- 성실하고 안정된 성격

이 없어진다.

감색을 좋아하는 사람은 안정적이며 뛰어난 판단력과 정신력을 갖고 있다.

감색은 성실한 성격을 형성하는 데 도움이 된다. 판단력도 몸에 배고 거짓말을 할 필요가 없다.

상냥한 성격이 되고 싶을 때

원점은 자신도 상대도 소중히 여기는 것

사람들을 상냥하게 대할 수 있는 사람이 되고 싶은 것은 많은 사람들이 가지고 있는 희망이다. 무엇을 기준으로 상냥한 성격이라고 판단하는지는 사람마다 다르겠지만, 보통은 다음과 같은 성격 경향을 가진 사람이라고 정의한다.

- 상대의 입장에서 생각할 수 있다
- 남을 비난하지 않는다
- 세심한 배려심이 있다
- 남의 장점을 볼 수 있다
- 사소한 일에 화내지 않는다

우리가 무언가를 표현할 때, 그것을 들어주는 사람이 있어야 비로소 커뮤니케이션이 성립한다. 나에 대해 상대가 어떻게 느끼는지는 무시할 수 없다. 상냥함의 원점은 자신만 생각하는 것이 아니라 자신도 상대도 소중히 여기는 것이다.

연한 분홍색으로 상냥한 성격으로 바뀐다

상냥한 성격의 소유자가 되기 위해서는 분홍색의 힘이 도움이 된다. 분홍색 물건을 몸에 걸치거나 보고 있으면 마음이 평온해지는 것을 느낄 수 있다. 분홍색이 좋아지면 상대의 입장에서 생각하게 된다. 분홍색을 좋아하고 항상 보고 있는데도 스스로를 상냥하지 않다고 느끼는 사람은 좀 더 흐린 연분홍색을 선택해 보자.

상냥한 사람이란?

예를 들어,

- 상대의 입장에서 생각한다.
- 배려심, 마음 씀씀이가 있다.
- 사소한 일에 화내지 않는다.

분홍색의 효과로 온화한 성격으로

분홍색은 성격을 온화하게 하는 효과가 있다.

분홍색 중에서도 연한 색은 보다 상냥한 성격으로 바꾸어 준다.

분홍색 물건을 지니거나 몸에 걸치면 성격에도 변화가 나타난다.

긴장하지 않는 성격이 되고 싶을 때

커뮤니케이션에서 실패하고 싶지 않은 심리

프레젠테이션이나 회의와 같이 많은 사람들 앞에서 발표하는 자리에서 긴장하지 않는 사람은 없을 것이다. 사람이 많으면 많을수록, 훌륭한 사람이 있을수록 말을 잘 해야 한다, 틀려서는 안 된다고 자신을 몰아가기 때문일지도 모른다.

남 앞에서 긴장하는 것은 대인공포증의 일종이고, 긴장하는 가장 큰 이유는 사람과의 커뮤니케이션에서 실패를 두려워하기 때문이다. 긴장감을 갖지 않도록 자신의 감정을 컨트롤하기 위해서는 사고를 개선할 필요가 있다. 긴장한다는 것은 실패할지 모른다는 부정적인 결과를 상상하고 있기 때문이다. 부정적인 사고를 바꾸어 긍정적인 발상을 하는 것이 가장 효과적인 방법이다. 가령, 자신의 이야기에 모두가 감탄하는 장면이나 이야기가 잘 진행되어 박수를 받는 장면 등을 상상해 보자.

처음에는 검은색을 사용하는 것도 좋다

색의 힘을 빌리려면 검은색을 사용하자. 중요한 자리에 검은색 옷을 입고 가면 눈에 띄지 않는 이점이 있다. 회의에서 발언하라는 종용을 받기 싫을 때 사용하면 좋다. 또한 검은색은 자신을 지켜주는 색이며, 외부의 힘을 거부하는 힘이 있다. 처음에는 검은색 뒤로 도망가도 차츰 검은색을 잘 다룰 수 있게 되면 그 힘을 더욱 공고히 해 줄 것이다. 검은색을 잘만 활용하면 발언력도 늘어 두려운 감정이 줄어들 것이다.

남 앞에서 긴장하는 이유

긴장하는 것은 사람들의 시선을 신경 쓰고 실패를 두려워하기 때문이다.

자신은 절대적으로 이야기를 잘 할 수 있다고 자기암시를 걸고 잠재의식에 작용하여 힘을 끌어내는 것도 효과적이야.

모두에게 박수 받고 있다고 상상하며 실패하지 않을 거라는 자신감을 가지면 긴장은 완화된다.

검은색의 힘으로 자신을 지킨다

검은색은 정신적으로 자신을 보호하는 효과가 있다.

사람들 앞에서 발언해야 할 때는 확실하게 준비(자료, 연습)하는 것도 잊지 않도록!

검은색 옷을 입으면 외부의 힘(시선)으로부터 자신을 보호한다. 그리고 언젠가는 검은색의 강도를 잘 사용해서 발언권을 높이고 실패에 대한 두려움을 극복할 수 있다.

적극적인 성격이 되고 싶을 때

적극적인 성격이 되기 위해서는 호기심이 열쇠

새로운 일을 시작하고 싶고, 적극적으로 도전하고 싶다는 생각만 할 뿐 쉽사리 한 걸음도 내딛지 못하고 있다. 적극적으로 나서지 못하는 이유는 실패가 두렵기 때문일까? 아니면 귀찮기 때문일까?

적극적인 성격으로 바뀌기 위해 중요한 것은 호기심을 강하게 갖는 것이다. 다양한 일에 강한 관심을 가지고 새로운 경험을 순수하게 즐길 수 있다면 약간의 실패와 수고에 상관없이 의욕이 생겨 행동으로 이어진다.

인간관계에서도 호기심이 중요하다. 사람에 대한 호기심을 가지고 이 사람은 어떤 사람일까 더 알고 싶다고 느끼면 인간관계는 한층 더 풍요롭고 넓어진다.

그런 경우에도 자신이 먼저 상대에게 다가가는 적극성이 중요하다.

노란색으로 호기심을 키운다

호기심을 키우기 위해서는 노란색이 효과적으로 기능한다. 노란색 옷, 노란색 소품 등을 몸에 지니거나 가져보자. 노란색을 좋아하게 되면 새로운 것이나 색다른 것을 좋아하는 성격으로 바뀐다. 설렘을 갖고 다른 사람을 대하면 장점을 찾을 수 있을 것이다. 또한 빨간색이나 주황색 등 따뜻한 색을 사용하면 행동력을 높여준다. 노란색에 추가해 따뜻한 계열의 색상을 포인트로 사용해 보자.

적극적인 성격이 되기 위해 필요한 것

적극적인 성격에 필요한 것은 호기심

- 알고 싶다.
- 할 수 있도록 되고 싶다.

다소의 실패나 수고에 상관없이 해보겠다는 행동력이 생긴다.

노란색의 힘으로 호기심을 키운다

노란색은 호기심을
자극하는 색이다.

노란색 물건을 몸에 지니면 흥미가 외부로 향한다.

또한 행동력을 자극하는 주황색이나 빨간색을 함께 사용할 것을 추천한다.

끈기 있는 성격이 되고 싶을 때

동기 부여와 평가가 지속의 요령

저금, 다이어트, 강좌 수강, 자격시험 공부 등 이번에는 무슨 일이 있어도 중간에 관두지 않겠다고 마음속으로 다짐해도, 막상 시작하고 나면 곧 포기하고 만다. 자신의 의지가 약하기 때문이라고 좌절하는 사람도 많을 것이다. 마음먹은 일을 지속하기 위해서는 동기 부여와 평가에서 해결책을 찾을 수 있다.

동기는 타인이 아닌 자신 안에서 찾아내는 것이 좋다. 사람들에게 알려졌기 때문이 아니라 자신이 하겠다고 결정했기 때문이고 생각을 바꾸는 것이 중요하다. 또한 사람은 평가가 뒤따르지 않으면 지속할 수 없는 경향이 있다. 결과가 바로 나오는 일은 지속하기 쉽지만, 당장 결과가 보이지 않은 일은 쉽게 좌절하고 만다.

최종 목표는 아니더라도 작은 목표 달성 기준을 설계하고, 중간중간에 자신에게 포상을 준다면 결정하는 데도 효과적이다.

주황색으로 지속력을 높인다

지속할 수 있는 성격에 도움이 되는 것은 주황색이다. 특히 운동을 할 때는 주황색 계열의 배낭, 신발, 티셔츠 등을 착용하면 더욱 더 효과적으로 지속하도록 작용한다. 주황색은 행동력을 증폭시킬 뿐 아니라 지기 싫어하는 성격으로 변화시키기 때문에 쉽게 좌절하지 않는다. 또한 행동을 촉진시키는 빨간색을 가미해도 좋다. 그러나 지속해야 할 대상이 다이어트라면 주황색은 식욕을 증진시킬 수도 있기 때문에 식사 전에는 피하는 것이 좋다.

왜 꾸준히 실천하지 못하는 거야?

작심삼일로 끝나는 사람은 많다.

중간중간 해냈다면 자신에게 보상을 주는 것도 추천한다. 최종 목표를 달성하지 않고 중간 목표를 달성할 때마다 작은 보상이 주어지면 작은 목표를 하나씩 달성해 나갈 수 있다.

지속하려면 스스로 하겠다고 결정하는 내발적인 동기가 효과적이다.

주황색의 힘과 내발적 동기 부여

다이어트의 경우

다이어트의 경우 주황색은 식욕을 돋우므로 주의한다. 식사 전에 파란색으로 식욕을 억제하고 식후에는 분홍색를 보고 만족감을 높이는 방법도 추천!

지속하는 마음을 촉진하는 것은 주황색의 힘. 앞으로 나아가는 힘을 부여한다.

동경하는 미인이 되고 싶을 때

흰색이 미인을 만드는 심리적, 생리적 이유

색의 힘을 사용하여 외모를 바꿀 수 있다. 자신을 더 아름답게 보이고 싶다면 흰색을 활용하면 좋다. 여기에는 생리적인 이유와 심리적인 이유가 있다. 생리적인 이유는 흰색 방, 흰색 옷을 입으면 흰색이 안색과 모습을 북돋아 젊어지고 미인이 되게 한다고 알려져 있다. 또한 인간의 피부는 밝기를 감지하면 운동하고 싶은 기분을 유발한다. 흰색 벽의 밝은 방에서 생활하면 운동하고 싶어져서 스타일 업으로 이어질 수도 있다.

심리적인 이유를 들면 흰색에는 아름다움을 의식하는 몇 가지 심리적 효과가 있다. 예를 들어 미백인 사람은 밖에서 일하지 않아도 되니까 햇볕에 그을리지 않는 고급스러운 사람이라는 이미지부터, 흰색은 '셀럽 미인'을 이미지한다.

또한 흰색은 많은 나라에서 '신의 색'이라는 문화적 배경을 가지고 있다. 신비한 색의 하나로 우리는 신성한 아름다움을 흰색으로 느끼고 있다. 또한 흰색은 다른 색을 돋보이게 하는 연출색의 하나이다. 다른 아름다움을 강조할 수 있는 색이이기도 하며 흰색 자체도 아름다움을 상징하는 색으로 인식되고 있다.

전신 거울을 사용한다

더욱 효과를 높이기 위해서 전신 거울을 설치할 것을 추천한다. 거울을 보고 있으면 거울 앞에서는 귀여운 얼굴을 만들려고 눈을 크게 뜨기도 하고, 입 꼬리를 올리거나 미소를 짓거나 한다. 그런 자세를 계속하면 거울이 없는 곳에서도 미인 얼굴을 만드는 습관이 생긴다.

흰색이 만들어내는 미의식과 내분비

흰색은 미인을 만드는 색

- 미백, 셀럽의 이미지
- 신성한 아름다움의 이미지
- 다른 색을 돋보이게 하는 동시에 자신을 돋보이게 하는 미의 이미지

흰색 벽의 밝은 방에서 생활하면 운동이 하고 싶어진다
→ 스타일 업

⊙생리적 이유

- 흰색이 안색과 모습을 돋보이게 해 젊어진다.
- 흰색의 효과에 의해 운동이 하고 싶어지고 스타일 업 효과를 유발한다.

한층 더 효과를 이끌어내려면 전신 거울을 추천한다. 자신을 가꾸려는 의식도 높아진다.

⊙심리적 이유

- 흰색에는 아름다움을 의식하는 몇 가지 심리 효과가 숨어 있다.

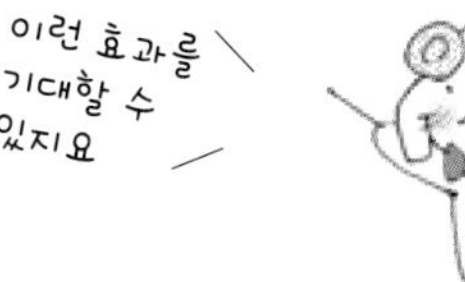

계속 운이 좋기를 바랄 때

마음의 평화가 행운을 부른다

나는 운이 나쁘다, 오늘은 재수 없다 등 운이라는 것은 자신의 의지와 상관없이 찾아오는 우연이며 사람이나 시기에 따라 편차가 있다고들 여긴다.

운은 과학적으로도 연구되고 있고, 단순한 우연이 아님을 알게 됐다. 여기서는 색을 사용해 행운을 잡는 방법을 소개하고 싶다.

뇌 활동과 운의 관계를 조사한 캐나다 토론토 대학의 연구에 따르면 운이 좋은 사람은 릴랙스하고 긍정적인 생각을 하는 경향이 있다. 시야를 넓힐 수 있는 뇌 부위가 활성화되어 있어 곧 행동으로 이어져 기회를 잡기 쉬운 것으로 알려져 있다.

운이 좋아지는 상태를 색으로 만든다

색채적으로 릴랙스 상태에 놓일 수 있는 것은 베이지, 오프 화이트, 파스텔 컬러, 연한 녹색 계열이라고 한다. 이러한 색을 의식적으로 주위에 두면 마음이 편안해져서 찾아온 기회를 놓치지 않을 것이다. 또한 자신이 좋아하는 색은 편안함을 주기 때문에, 자신이 좋아하는 색의 옷을 입거나 물건을 지닐 것을 추천한다.

또한 행운을 부르기 위해서는 방에 틀어 박혀 있지 말고 활동적으로 첫발을 내딛는 것이 중요하다. 활동적이 되기 위해서는 빨간색이나 주황색 물건을 소지하는 것이 좋다. 빨간색 스니커나 주황색 코트, 가방 등을 추천한다. 이것들을 착용하고 밖으로 당당히 걸어나가자.

색을 잘 사용하면 운에도 좋은 영향이

운이 좋은 사람

릴랙스 할 수 있는 사람은 기회를 잡기 쉽다.

운이 나쁜 사람

릴랙스 하지 않으면 기회를 놓친다.

릴랙스 상태를 색으로 만들어내다!

①

• 베이지, 파스텔 컬러 등의 색은 릴랙스 상태를 만든다.

②

• 좋아하는 색의 옷을 입거나 좋아하는 색을 몸 주변에 배치하여 릴랙스 상태를 만든다.

③

• 행운을 잡기 위해서는 행동이 중요하다. 빨간색이나 주황색 신발, 아우터로 행동력을 높이기 바란다.

④

• 또한 스스로 운이 좋다고 말함으로써 무의식적으로 운이 좋아지는 행동을 취하게 된다.

좋아하는 색상별 성격 파워 업 포인트

좋아하는 색에 포인트 색으로 성격 파워 업

3장의 마지막에서는 좋아하는 색별로 어떤 색을 가미하면 성격을 파워 업 할 수 있는지 정리했다. 성격은 개성. 따라서 좋고 나쁘고로 나눌 수 있는 것은 아니다. 자신다운 성격을 응시(주시)하는 계기로 삼기 바란다.

빨간색을 좋아하는 사람

플러스 색상 → 파랑

빨간색을 좋아하는 사람은 활동적이고 행동력 있고 정의감이 강한 타입이다. 자신이 옳다고 생각한 것을 곧장 관철하지만, 무리한 태도나 사물을 단정 짓는 언동을 하는 점도 있다. 그럴 때는 파란색을 추천한다. 파란색 물건을 지니거나 파란색 옷을 입고, 남성이라면 파란색 넥타이를 매 보자. 파란색의 협조성, 조화 능력을 받아들이면 균형 잡힌 성격으로 바뀔 것이다.

분홍색을 좋아하는 사람

〔연분홍을 좋아하는 사람〕

플러스 색상 → 진한 분홍 빨강

〔진분홍을 좋아하는 사람〕

플러스 색상 → 연한 분홍

연한 분홍색을 좋아하는 사람은 상냥하고 온화한 성격이다. 대인 관계에서는 섬세한 성격으로 인해 쉬게 상처받는다. 연한 분홍색을 좋아하는 사람 중에서 자신이 약하다고 생각하는 사람은 빨간색에 가까운 진한 분홍색이나 빨간색을 이용하면 정신적으로 강해져서 자신감이 붙는다.

한편, 빨강에 가까운 분홍색을 좋아하는 사람 중에서 지나치게 타산적이거나 부드러운 성격이 되고 싶은 사람은 분홍색 중에서도 흰색에 가까운 연한 분홍색을 가까이 하면 좋을 것이다.

주황색을 좋아하는 사람

플러스 색상 → 녹색

주황색을 좋아하는 사람은 활동적이고 명랑하며 건강한 타입이다. 친근한 성격으로 동료 의식이 높다고 할 수 있다. 한편 불필요한 경쟁심으로 자신과 타인을 비교하거나 화를 잘 내기도 한다. 그런 사람은 녹색을 몸에 사용하면 녹색이 지닌 사회성을 받아들여 남과 다투지 않는 습관을 몸에 익히면 좋을 것이다.

노란색을 좋아하는 사람

플러스 색상 → 주황

노란색을 좋아하는 사람은 지적으로 상승 의욕이 강하고, 호기심과 연구심도 왕성하여 다양한 것에 도전하는 타입이다. 그러나 다소 싫증내는 성향이 있어 오래 지속하지 못하는 점도 있다. 그런 사람은 주황색 계열의 색을 몸에 지니거나 갖고 다니면 지속하는 행동력이 가미되어 더욱 탐구심이 넓어진다.

연두색을 좋아하는 사람

플러스 색상 → 빨강

연두색을 좋아하는 사람은 다양한 것에 도전하고 새로운 것을 좋아한다. 원래부터 개성적이거나 개성적이고 싶어 한다. 타인의 시선이나 남을 지나치게 배려하여 정신적으로 지치기 쉬운 측면도 있다. 그런 사람은 자신에게 자신감을 주기 위해 빨간색 물건을 가지거나 몸에 지니면 좋다. 지나치게 넓은 면적이 아니라 원 포인트로 사용하면 연두색을 방해하지 않고 빨간색이 갖고 강한 힘을 빌릴 수 있다.

녹색을 좋아하는 사람

플러스 색상 → 주황 빨강

녹색을 좋아하는 사람은 사회성이 강하고 성실한 타입이다. 평화주의자로 사람과 싸우는 것을 좋아하지 않는다. 그러나 다소 의존적이고 은둔하려는 성향이 마음속에 있다. 그래서 주황색을 추가하여 일상을 보내면 스스로가 움직일 수 있는 힘을 익히면 결국 균형 잡기 쉬워질 것으로 생각된다. 또한 빨간색을 더해서 열정적인 부분을 늘리는 방법도 있다. 단지 녹색을 좋아하는 사람에게는 주황색이나 빨간색은 색이 너무 강한 측면도 있고, 그 경우는 새먼핑크, 라벤더, 연보라색 등 흰색이 들어간 연한 색이 좋다.

청록색을 좋아하는 사람

플러스 색상 → 주황 노랑

감성이 풍부하고 쿨하게 살고 있는 청록색을 좋아하는 사람은 일도 사생활도 충실하다. 단지 사람들에게 좀처럼 이해받지 못하는 부분이 약점이다. 쿨함은 매력적이지만 주황색이나 노란색 등을 지니면 차가움이 완화되고 친화력이 길러질 것이다.

파란색을 좋아하는 사람

〔깊고 선명한 파랑을 좋아하는 사람〕

플러스 색상 → 빨강 밝은 파랑

〔밝고 선명한 파랑을 좋아하는 사람〕

플러스 색상 → 어두운 파랑

깊고 선명한 파랑을 좋아하는 사람은 조화를 중시하고 조금 보수적인 면이 있어서 매사에 차분하게 임한다. 자신을 낮추고 상대를 추켜세우기 십상이다. 그런 사람은 빨강과 같은 강한 색상을 몸에 지니거나 자주 보아 힘을 손에 넣고 상대의 감정을 소중히 하면서 자신의 감정을 표현하는 것이 좋다. 또한 같은 파란색이라도 밝고 선명한 파랑을 지녀도 효과가 있다. 한편, 밝고 선명한 파란색을 좋아하는 사람은 조금 어두운 파란색을 몸에 지니고, 변형된 파란색 많이 사용하면 균형 잡힌 성격이 될 것이다.

하늘색을 좋아하는 사람

플러스 색상 → 다채로운 연한 색을 동시에

하늘색을 좋아하는 사람은 감성이 풍부하고 자신의 감정을 자유롭게 표현하는 타입이다. 창의적인 일이 특기이고 표현력이 뛰어나다. 반면 자신에게 맞는 환경이 갖춰지지 않으면 힘을 발휘하기 어려운 특징이 있다. 그런 사람은 코랄핑크, 피치, 연보라색, 연두색, 크림옐로 등 다채로운 연한 색을 동시에 몸에 지니면 좋다. 색조는 자유롭게 사용하더라도 톤을 맞추는 것이 포인트다. 하늘색을 좋아하는 사람이 가진 창의성이 더욱 강화될 것이다.

감색을 좋아하는 사람

플러스 색상 → 노랑 주황

감색을 좋아하는 사람은 판단력이 뛰어나고 지혜로우며 성격이 안정적이다. 문제가 되는 것은 사람으로부터 오해를 받고 있는 점이다.

그런 타입은 자신의 친근한 소품이나 잡화에 노란색 물건, 주황색 계열의 물건을 가미해보자. 그리고 노란색, 주황색이 갖는 희노애락의 힘을 빌려서 표정을 의식적으로 풍부하게 바꾸도록 하자. 분명 지금보다 한층 매력적인 성격으로 바뀔 거라고 생각된다.

보라색을 좋아하는 사람

플러스 색상 → 파란색 계열의 보라색

보라를 좋아하는 사람은 타인과 똑같은 것을 좋아하지 않고 모든 것에 얽매이지 않으며 감각적으로 살아간다. 냉정한 면과 열정적인 면이 있고 때로는 자유롭게 행동하기 때문에 남들이 쉽게 이해하지 못하는 성격이다.

단독으로 행동하는 경우는 개성으로 보여 좋을 수 있지만, 팀의 한 구성원으로 행동할 때는 곤란한 처지에 놓이게 된다. 그럴 때는 보라색을 조금 파란색 계열로 하면 조화의 마음이 솟아난다. 빨간색에 치우치면 날카로워지므로 주의가 필요하다.

자주색을 좋아하는 사람

플러스 색상 → 보라색 계열의 다채로운 색 연보라 주황

보라색을 좋아하는 사람은 감각적으로 뛰어나고, 그것을 실행하는 행동력이 있는 사람이다. 높은 이상을 갖고 있어서 타협하지 못하고 지나치게 고집을 부리거나 도중에 식어 끊어질 수도 있다. 고집이 너무 강하다고 생각하는 사람은 보라색 계열의 다채로운 색을 몸에 걸쳐보자. 특히

연보라색 등 블루 계열의 보라색을 추천한다. 전체적으로 냉정한 성격으로 바뀐다. 쉽게 열정이 식는 사람은 오렌지 계열의 색을 몸에 지니거나 가지고 다니는 것이 좋다. 내키지 않는 사람은 오렌지 계열의 소품을 가지고 다녀도 된다.

연보라색을 좋아하는 사람

플러스 색상 → 진한 파랑 감색

연보라색을 좋아하는 사람은 감각적인 성향이 강하고 감성이 풍부한 타입이다. 특히 사람에게 친화적인 반면 섬세하고 쉽게 상처받는 면이 있다. 그럴 때는 안정을 강화하기 위해 진한 파란색이나 감색 계열의 물건을 가지고 다니거나 몸에 지니면 좋다. 진한 파란색과 감색은 정신적인 안정에 효과적이다.

흰색을 좋아하는 사람

플러스 색상 → 파랑 청록 분홍

흰색을 좋아하는 사람은 연애도 일도 아름다운 형태와 높은 이상을 가지고 있고, 그것에 대해 금욕적으로 자신을 다스리고 있다. 이상이 높기 때문에 주위 사람과 거리가 생길지도 모른다.

원래 흰색은 다른 색을 돋보이게 하는 효과가 있다. 단색으로 사용하기보다는 다른 색을 조합하면 강점이 강화된 성격으로 변모할 것이다. 이상이 너무 강하다고 느끼는 사람은 다른 색을 가미해 유연하게 흰색의 장점을 표출하는 것이 좋다. 예를 들어 파랑색이나 청록색과 함께 사용하면 선명하고 보다 젊은 효과를 기대할 수 있다. 분홍색과 결합하면 여성스럽고 부드러운 성격을 기대할 수 있다. 흰색의 강한 이상주의가 부드럽게 감싸줄 것이다.

검은색을 좋아하는 사람

플러스 색상 → 빨강 주황 녹색 파랑

검은색을 좋아하는 사람의 힘은 정신력이다. 강한 마음으로 어려움을 극복할 수 있다.

그러나 지나치게 고집을 부리다 보면 전체적인 조화, 특히 인간관계가 무너지는 경우도 있다. 그것을 막고 싶을 때는 검은색 옷에 빨강, 오렌지, 녹색, 파랑 등 원 포인트 컬러를 더해보자. 색의 힘으로 분위기가 확 바뀐다. 빨간색을 원 포인트로 검은색에 첨가하면 세련되고 현대적인 분위기를 연출한다. 빨간색 비율이 증가하면 대담하고 격렬한 성격으로 바뀐다. 녹색이 가미되면 이지적인 성격으로 변한다. 검은색에 조합시킬 때는 다소 깊은 색의 녹색을 추천한다.

갈색을 좋아하는 사람

플러스 색상 → 주황

갈색을 좋아하는 사람 중에는 수줍음을 타는 타입이 많다. 말수는 많지 않지만 넓은 마음을 갖고 약한 사람을 도우려는 성향이 있다. 한편 행동력이 약하고 대기 자세가 많은 것이 약점이 될 수도 있다. 그럴 때는 주황색을 도입하여 행동력을 키워보자. 주황색의 활동적이고 건강한 일면을 가미하면 넓은 마음에 친근감이 더해져 매력이 증가할 것이다.

회색을 좋아하는 사람

플러스 색상 → 빨강

회색을 좋아하는 사람은 세련되고 양식 있는 타입이다. 상대를 생각하고 돕고 싶어 하는 사람이 좋아하는 경향이 있다. 성격의 내면에는 신중함이 강하게 자리 잡고 있지만 오히려 그것이 행동을 억누르기도 한다. 그럴 때는 빨간색을 몸에 걸치거나 갖고 다니면 행동력이 몸에 배어 등을 살짝 밀어준다. 다만 빨간색을 지나치게 사용하지 않는 것이 포인트. 빨간색 양이 너무 많으면, 회색이 약해져 회색의 장점이 나오지 않게 된다. 비율상 회색이 8 또는 9에 빨간색이 1 또는 2 정도의 균형이 바람직하다.

금색을 좋아하는 사람

플러스 색상 → 노랑 주황 파랑

금색을 좋아하는 사람은 운에 관해서(특히 금전운) 근거 없는 자신감을 가지고 있다. 동시에 강한 승인 욕구를 가지고 있는 경향이 있다. 인생을 만끽하는 것을 가장 중요하게 여기고 매일을 즐기며 인간답게 사는 모습은 누구라도 부러워할 것이다.

이 정도의 영역에 와 있으면, 다른 색을 사용하여 개선할 것도 없겠지만 금색을 강조하는 검은색이나 은색보다는 노란색과 주황색 등 비슷한 색으로 균형을 잡거나 파란색 물건을 가지고 냉정함을 손에 넣으면 더욱 인간적인 깊이가 더해질 것이다.

에필로그

나는 배운 것을 바로 실천했다. 즉시 효과가 있었던 것은 과장과의 인간관계였다. 과장이 붉은색을 좋아한다는 것은 이전부터 알고 있었다. 마음속에 색신 '불꽃의 멧돼지 신'이 있는 사람은 외향적이고 자신이 하고 싶은 것을 관철시키는 유형이다. 또 쉽게 화를 내고 자신의 뜻대로 안 되면 좌절하는 성향을 잘 이용해서 발산할 수 있도록 시도했다. 지금까지 나는 과장을 가급적 피하려고 했지만, 내가 먼저 적극적으로 인사를 하고 업무에 대해서도 조언을 받으려고 했다.

목적은 과장에게 이야기를 시키는 것이다. 상담을 갖는 기회를 여러 번 반복한 끝에 과장의 반응이 변했다. 그리고 긍정적인 것을 좋아하는 '불꽃 멧돼지 신'의 특성에 맞게 긍정적인 이야기를 하려고 유의했다. 또한 과장의 마음속을 이해할 뿐만 아니라 과장을 움직일 수 있도록 색을 사용해 보았다. 내 의견을 통과시키고 싶을 때는 빨간 넥타이를 매고 갔다. 열정의 증거로 말이다. 효과는 절대적이었다.

과장과 이야기를 하면서 과장이 나에게 실망한 것은 아무래도 내가 소극적이고 자신의 생각대로 대응해주지 않았기 때문일지도 모른다고 느꼈다. 지금까지 번번이 주의를 준 것은 자신의 의지와 감정을 전달하는 것이 서툰 나를 단련시키려고 한 것일지도 모른다. 인간관계가 개선된 것은 과장만은 아니다. 동료와 후배와도 관계가 좋아졌다. 신비주의였던 나도 동료들과 이런저런 이야기를 할 수 있게 됐다.

반보성의 법칙과 오렌지 셰이크핸드 효과를 사용하면서 거리를 좁혔다. 나는 이야기를 들으면서 상대의 성격에 따라 대하는 방법을 달리 했다. 나의 성격을 무리하게 바꿀 필요 없이 대응하는 태도를 바꾸는 것일 뿐이라고 생각하니 편해졌다.

시간을 따로 내서 술자리를 갖지 않아도 휴식시간이면 사람들이 모여든다. 왠지 기분이 좋아진다. 다른 사람과 교제하는 것을 번거롭게 여겼지만 막상 사람들이 내 주위에 모여드니 기쁘다.

그녀와의 관계도 어쩌면 돌이킬 수 있을 거라는 생각이 든다. 항상 검은색 옷만 입고 있던 그녀 안에 강한 불안감이 자리하고 있다는 것을 깨닫고 무조건 그녀의 이야기를 듣기로 했다. 대단한 조언은 할 수 없지만, 나 스스로 괴롭지 않은 범위에서 그녀의 이야기에 귀를 기울이려고 했다. 그러자 그녀가 입는 옷은 자연스럽게 색이 많아졌다. 표정이 밝아진 것도 같다. 둘이서 초조해하던 지난 일이 믿기지 않을 정도이다.

마치 인간관계는 거울과 같다. 자신이 마음을 열면 상대도 열어준다. 자신이 바뀌면 상대도 바뀐다. 그 소중함을 색은 나에게 가르쳐줬다.

내가 자유롭게 색을 다룰 수 있게 되면서 색의 요정 집사는 어느새 내 앞에서 모습을 감추었다. 할머니에게 받은 나무 상자도 보이지 않는다. 더 듣고 싶은 것도 있지만 무엇이든 의지해서는 안 되는 것일지도. 나는 많은

색을 나의 편으로 만드는 방법을 파악했기 때문에 괜찮다. 지금까지 셔츠나 넥타이 색까지 일일이 신경 쓰지 않았지만 스스로에게 힘을 빌려주고 싶을 때, 상대방에게 메시지를 전하고 싶을 때는 의식적으로 색을 선택하게 됐다. 표가 들어 있는 상자를 없애버린 일은 할머니를 만나면 사과해야겠다고 생각했다.

나무상자 안에 반지(半紙)가 있고 마치 토끼 같기도 하고 양 같기도 한 이상한 그림이 그려져 있다. 그 상자에 뚜껑을 덮자 노파는 그것을 가지고 조금 어둑한 방 안쪽으로 걸어가서 미닫이문을 열었다. 원래 있던 장소에 그 상자를 넣으면서 "이제 됐니"라고 혼잣말을 중얼거리고 있다. "그에게 지금부터가 시작이지. 앞으로 아직 하고 싶은 것이 있으니까"

어디선가 그런 소리가 났다. 노파의 목소리가 들리지만 모습은 없다. 노파는 놀란 기색 없이 상자를 넣고 벽장에서 몸을 꺼냈다. "그 녀석은 의외로 성실하니까, 너무 괴롭히지 말아줘."라고 노파는 웃는 얼굴로 말했다.

노파 옆의 벽장 안에서 작은 인형 같은 무언가가 씨익 웃었다.

책에 등장하는 색의 요정 일람

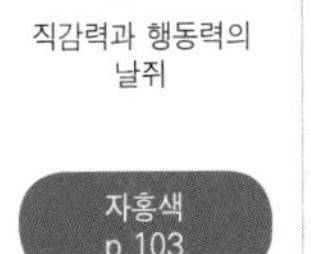

끝으로 색과 성격의 재미있는 관계

색과 성격에는 밀접한 관계가 있으며 특정한 성격 경향이 있는 사람들은 공통의 색을 추구한다. 어떤 색을 선호하는지를 알면 단숨에 그 사람의 진짜 성격이나 심층 심리를 알 수 있다. 또한 그 색을 좋아하고 잘 사용하면 색의 성질에 따라 성격이 변화한다. 색은 마음 속 깊은 곳까지 영향을 준다. 다양한 경험을 쌓으면 색의 취향도 변화하고 이에 호응하듯 성격도 변해간다.

또한 색을 사용하면 상대를 자유롭게 움직이고 자신의 성격을 의식적으로 바꾸는 데도 도움이 된다.

이 책에서는 사람의 성격은 색의 요정이라는 캐릭터에 의해 움직인다는 개념에 기초해서 색과 성격에 대해서 설명했다. 자신 안에 있는 색의 요정은 어떤 캐릭터인지 또한 상대 안에 있는 색의 요정은 어떤 캐릭터인지 생각해 보자. 그러면 자신은 더 자신다워지고 지금의 자신을 더 좋아하게 될 것이다.

거북한 상대 안에 있는 색의 요정과 상대를 겹쳐보면 의외로 귀여운 생각이 들지도 모른다. 그런 심리 효과도 노리고 이 책을 썼다. 많은 사람들이 자신도 모르는 자신의 성격을 깨닫는 계기가 되고 힘든 인간관계를 극복하는 단서를 얻음으로써 일상생활이 색을 통해 한층 풍요로워지기를 포포 포로덕션은 바란다.

참고문헌

〈색의 지식-명화의 색·역사의 색·나라의 색〉 조우 카즈오 저 (2010년, 青幻舎)

〈좋아하는 색 싫어하는 색의 성격 판별 테스트〉 Faber Birren 저, 사토 쿠니오 역 (2008년, 青娥書房)

〈색채-색재의 문화사〉 Francois Delamare, Bernard Guineau 저, 가시와기 히로시 감수, Miho Hellen-Halme 역 (2007년, 創元社)

〈신판 일본의 전통 색-그 색명과 색조〉 나가사키 세키오 저 (2006년, 青幻舎)

〈색의 힘〉 Jean-Gabriel Causse 저, 吉田良子 역(2016년, CCC 미디어 하우스)

〈'색형 인간'의 연구〉 치치이와 히데아키 저 (1988년, 福村出版)

〈색의 비밀〉 노무라 준이치 저 (2015년, 文藝春秋)

〈여러 가지 색〉 오우미 겐타로 감수 (1996년, 光琳出版社)

〈만화로 배우는 색의 재미있는 심리학〉 포포 포로덕션 저 (2006년, SB Creative)

〈만화로 배우는 색의 재미있는 심리학 2〉 포포 포로덕션 저 (2007년, SB Creative)

〈디자인을 과학하다〉 포포 포로덕션 저 (2009년, SB Creative)

〈색신과 색의 비밀〉 포포 포로덕션 저 (2012년, SB Creative)

색과 성격의 심리학

2020. 7. 23. 초 판 1쇄 인쇄
2020. 7. 30. 초 판 1쇄 발행

지은이 | 포포 포로덕션
옮긴이 | 황명희
펴낸이 | 이종춘
펴낸곳 | BM (주)도서출판 **성안당**
주소 | 04032 서울시 마포구 양화로 127 첨단빌딩 3층(출판기획 R&D 센터)
| 10881 경기도 파주시 문발로 112 출판문화정보산업단지(제작 및 물류)
전화 | 02) 3142-0036
| 031) 950-6300
팩스 | 031) 955-0510
등록 | 1973. 2. 1. 제406-2005-000046호
출판사 홈페이지 | **www.cyber.co.kr**
ISBN | 978-89-315-8922-1 (13100)
정가 | 15,000원

이 책을 만든 사람들
기획 | 최옥현
진행 | 김혜숙
본문 디자인 | 김인환
표지 디자인 | 박원석
홍보 | 김계향, 유미나
국제부 | 이선민, 조혜란, 김혜숙
마케팅 | 구본철, 차정욱, 나진호, 이동후, 강호묵
마케팅 지원 | 장상범, 조광환
제작 | 김유석

■ 도서 A/S 안내

성안당에서 발행하는 모든 도서는 저자와 출판사, 그리고 독자가 함께 만들어 나갑니다.
좋은 책을 펴내기 위해 많은 노력을 기울이고 있습니다. 혹시라도 내용상의 오류나 오탈자 등이 발견되면 **"좋은 책은 나라의 보배"**로서 우리 모두가 함께 만들어 간다는 마음으로 연락주시기 바랍니다. 수정 보완하여 더 나은 책이 되도록 최선을 다하겠습니다.
성안당은 늘 독자 여러분들의 소중한 의견을 기다리고 있습니다. 좋은 의견을 보내주시는 분께는 성안당 쇼핑몰의 포인트(3,000포인트)를 적립해 드립니다.
잘못 만들어진 책이나 부록 등이 파손된 경우에는 교환해 드립니다.